LE GÉNÉRAL
DUC D'AUMALE

LE

GÉNÉRAL DUC D'AUMALE

PREMIÈRE SÉRIE IN-QUARTO

Le duc d'Aumale.

LE GÉNÉRAL

Duc d'Aumale

1822-1897

PAR

François BOURNAND

Lauréat de l'Institut

VINGT-NEUF GRAVURES

LIMOGES

EUGÈNE ARDANT & Cie

ÉDITEURS

INTRODUCTION

> « Soldat, historien, ami des arts, Mécène magnifique, passionnément épris de toutes les gloires et de toutes les grandeurs de la France. »
>
> MÉZIÈRES,
> de l'Académie française.

Le nom du duc d'Aumale n'évoque-t-il pas le souvenir de grandes choses, de toute une belle et glorieuse époque de l'histoire militaire de la France, de ces années où nos soldats cueillaient, sur la terre d'Afrique, toute une moisson de lauriers.

C'était une brillante époque que celle où les bulletins de victoires citaient les noms glorieux des Bugeaud, des Lamoricière, des Cavaignac, des d'Aumale, et où le drapeau aux trois couleurs flottait triomphant sur la casbah de Constantine et sur les remparts de nombre de villes.

Ce fut un grand français que cet héroïque soldat des guerres d'Afrique. Sous le règne de son père Louis-Philippe, il s'était fait un nom honoré; sous le règne de Napoléon, il travailla à devenir grand écrivain et, sous la troisième République, il a su encore ajouter au prestige de son nom.

A quelque parti qu'on appartienne, il faut convenir que c'est une grande figure qui a disparu, car le duc d'Aumale était un homme supérieur, un cœur généreux, un vaillant soldat.

Nous avons voulu faire revivre cette belle physionomie, et nous nous sommes partout attaché à montrer le brave soldat des guerres d'Afrique, le patriote ardent, l'écrivain charmant et l'amateur d'art, qui a laissé à l'Institut de France des trésors inestimables.

Ce sera un grand bonheur pour nous, si nous réussissons à faire connaître, à faire aimer de nos lecteurs celui qui avait tant d'affection pour la France et qui l'a si bien servie.

F. B.

Le jeudi et le dimanche étaient consacrés aux arts d'agrément. (page 11)

LE GÉNÉRAL DUC D'AUMALE

I. — Les jeunes années.

Le 16 janvier 1822. — Un article du *Moniteur*. — Au collége Henri IV. — Le prince de Joinville et ses souvenirs. — M. Cuvillier Fleury. — Les registres de notes. — Une visite d'inspecteurs. — Une lettre. — Curieuse réponse. — En Rhétorique. — Le testament du prince de Condé. — L'héritage du domaine de Chantilly. — Les *Mémoires* de M. Dupin. — Le sous-lieutenant.

Henri-Eugène-Philippe-Louis d'Orléans, duc d'Aumale, quatrième fils de Louis-Philippe et de la reine Marie-Amélie, naquit à Paris le 16 janvier 1822.

Le 17 janvier, le *Moniteur* avait annoncé la naissance du duc d'Aumale dans les termes suivants :

« Hier à 9 heures du soir, S. A. R. la duchesse d'Orléans est accouchée heureusement au Palais-Royal d'un prince, qui, d'après les ordres du roi, a reçu les noms de Henri-Eugène-Philippe-Louis d'Orléans, duc d'Aumale.

» Sa naissance a été constatée aux termes de l'ordonnance du roi du 25 mars 1816, par M. le Grand Chancelier de France, Grand Référendaire de la Chambre des Pairs et des chevaliers, Gauchy, garde des archives de ladite Chambre, greffier de l'état-civil de la Maison royale, en présence du marquis de Lauriston, pair de France, ministre secrétaire d'Etat de la maison du roi, et du marquis de Brézé, pair de France, Grand-maître des cérémonies.

» Les témoins désignés par le roi et qui ont signé en cette qualité, tant le procès-verbal que l'acte de naissance, sont : M. le marquis de Lally-Tollendal, pair de France, ministre d'Etat, et M. le prince duc de Foix, capitaine des gardes du corps du roi. »

Le duc d'Orléans, depuis Louis-Philippe, se trouvait absent le jour de la naissance de son fils. Il venait de conduire à Dreux le corps de la princesse Louise d'Orléans, duchesse de Bourbon, mère de l'infortuné duc d'Enghien, fusillé dans les fossés de Vincennes.

La duchesse de Bourbon était morte subitement, en suivant la procession de l'église Sainte-Geneviève. Son neveu, en rentrant au Palais-Royal, vers dix heures du soir, apprit seulement alors la délivrance de la princesse, sa femme.

Le duc d'Aumale fut élevé avec ses frères au collége Henri IV (1).

Chaque jeune prince avait son précepteur, tandis que deux gouvernantes étaient attachées aux princesses.

(1) Le prince de Joinville a raconté sa vie et celle de ses frères à cette époque dans ses *Souvenirs* si alertes.

« Nous étions trois sœurs et six frères, écrit le prince de Joinville, bientôt réduits à cinq par la mort de mon frère Penthièvre, vivant tous ensemble, mangeant ensemble, souvent associés dans les leçons, toujours dans les récréations et les parties de plaisir. On devine quelle bande joyeuse nous faisions ! »

Le précepteur du duc d'Aumale n'était autre que Cuvillier-Fleury (1).

Les précepteurs des jeunes princes consignaient tous les jours sur des registres *ad hoc* leurs notes et impressions. Que sont devenus ces registres si précieux pour l'histoire anecdotique des Princes de la Maison de France?

« La journée commençait généralement à cinq heures du matin. Les aînés allaient au collége pour la classe, prenaient leurs repas et leurs récréations avec les internes et revenaient après la classe du soir. Le soir, élèves et précepteurs dînaient ensemble, puis passaient au salon. Le jeudi et le dimanche étaient consacrés aux arts d'agrément, qui devaient faire des jeunes élèves des princes accomplis. »

Le roi Louis-Philippe les avait mis au collége, parce qu'il tenait beaucoup à ce que ses fils reçussent une éducation publique; il voulait les mêler aux rejetons de la bourgeoisie.

Au collége Henri IV, le duc d'Aumale se fit universellement aimer.

Il ne se trouvait nullement dépaysé dans ce milieu. La simplicité régnait là comme à la cour, où M. de Jémonville, remarquant un jour l'absence d'habits de cérémonie et de chamarrures, osa s'écrier : « Sire, je prie Votre Majesté de m'excuser, si je me présente sans être crotté. »

Dans toute sa vie, le prince ressentit l'influence de cette première et bonne éducation.

A la fin de l'année scolaire 1838-39, la classe de rhétorique, au collége Henri IV, reçut la visite des inspecteurs de l'Université. Les élèves furent examinés, et le jeune duc d'Aumale reçut des éloges aux applaudissements de tous ses condisciples.

Ce succès fut l'occasion d'un échange de lettres entre M. Cuvillier-Fleury, précepteur du prince, et M. Georges

(1) Le précepteur du prince de Joinville était M. Trognon. Victor Hugo les a tous les deux associés dans ces vers de *Ruy Blas* :

... Affreuse compagnonne
Dont la barbe *fleurit* et dont le nez *trognonne*.

Ozaneaux, inspecteur général. Nous offrons à nos lecteurs la primeur de ces documents, qui serviront aux historiens du général Henri d'Orléans duc d'Aumale. Nous n'avons pas à leur présenter M. Cuvillier-Fleury.

Rappelons seulement que Georges Ozaneaux, entré premier à l'Ecole normale supérieure, après avoir remporté le prix d'honneur en philosophie au concours général de 1812, débuta comme simple maître d'études au lycée Napoléon en 1814, et s'éleva rapidement jusqu'au sommet de la hiérarchie universitaire.

Son témoignage n'était donc pas celui du premier venu et méritait d'être mis sous les yeux de la reine Marie-Amélie.

A Monsieur Georges Ozaneaux, inspecteur général.

Monsieur,

« Je sais que vous avez inspecté la classe de rhétorique et que vous vous êtes occupé du duc d'Aumale avec beaucoup de bienveillance. J'avais à cœur de vous en remercier. Malheureusement, j'étais malade à l'époque où j'aurais pu vous rencontrer au collége Henri IV. Permettez que j'acquitte aujourd'hui cette dette de ma gratitude. Vous n'avez été que juste; mais, c'est une grande preuve d'impartialité et en même temps de bienveillance que d'être juste aujourd'hui envers les princes. Tous les professeurs de l'Université n'ont pas ce mérite-là. Je désirerais bien vivement, Monsieur, pouvoir mettre sous les yeux de la reine un témoignage aussi flatteur et aussi incontestable que le vôtre sur les études du duc d'Aumale. Je vous prie donc, si vous n'y voyez aucun inconvénient, de vouloir bien m'envoyer en quelques lignes l'expression de votre opinion sur le compte de ce jeune prince. Vous devez comprendre le prix que j'attache à votre jugement, quel qu'il soit. On m'a dit qu'il avait été publiquement favorable au duc d'Aumale. Si vous aviez gardé quelque arrière-pensée, que votre indulgence eût réservée, veuillez me la faire connaître. Nous avons besoin, nous autres précepteurs, qu'on nous dise la vérité sur nos élèves comme sur nous-mêmes; notre amour-propre les enveloppe trop facilement sous les illusions qu'il se forme.

» Veuillez donc me parler du duc d'Aumale avec toute la franchise de votre esprit et de votre caractère.

» Agréez, je vous prie, l'assurance de mes sentiments distingués, avec lesquels, j'ai l'honneur d'être, votre très obéissant serviteur. »

CUVILLIER-FLEURY.

Aux Tuileries, 4 avril 1839.

Voici la réponse de M. Ozaneaux :

Marseille, 5 avril 1839.

Monsieur,

« Je vous remercie beaucoup du prix que vous attachez à mon témoignage, et je m'empresse de répondre à votre confiance. Oui, Monsieur, vous le dites bien, dans les éloges que j'ai donnés publiquement à Mgr le duc d'Aumale, je n'ai été que juste. C'est à nous, surveillants supérieurs du corps enseignant, à faire ressortir le mérite partout où nous le rencontrons, fût-ce chez un prince. Quand le roi envoie ses fils au collége, il les soumet à la loi commune, aux récompenses comme aux blâmes, et je ne vois pas pourquoi je flatterais un sot préjugé pour n'avoir pas l'air de flatter le pouvoir.

» Au reste, Mgr le duc d'Aumale l'apprend chaque jour, et il a pu le remarquer en cette occasion, les masses sont toujours justes, si rien ne les intéresse à l'injustice : quand je lui ai dit ce que je pensais de sa manière de composer et d'écrire, il y avait dans les cent jeunes gens qui m'écoutaient un sentiment manifeste.

» Voilà trois ans que je suis chargé de l'inspection du collège Henri IV, trois ans aussi que je préside le bureau d'histoire du concours général; par conséquent, je puis apprécier les progrès de votre jeune élève et les développements de son intelligence, que je me rappelle avoir jadis trouvée bien précoce et bien vive. Mais, c'est surtout dans ces deux dernières années que j'ai remarqué ce que son jugement avait acquis de solidité et son goût, de justesse.

» Ses connaissances en histoire ne sont pas seulement nombreuses, détaillées, précises, ce qui ne serait qu'une preuve de mémoire, mais classées dans un ordre logique, résumées en idées sommaires et supérieures, de manière à coordonner les faits dans une synthèse vraiment philosophique. La facilité avec laquelle il s'exprime, quand on l'interroge sur cette belle partie de ses études, est bien autre chose que de l'aisance d'élocution : c'est l'action d'une pensée prompte et juste. Je répondrais qu'il en est de même quand il compose; la forme ne l'occupe pas du tout; il sait les personnages; il est à leur époque et à leurs idées; la parole lui arrive sans qu'il la cherche, naturelle et vraie.

» Je vous avoue, Monsieur, que cette façon d'écrire m'a toujours paru bien supérieure à la rhétorique des phrases et des métaphores, et, dans ce que j'ai lu et entendu de Mgr le duc d'Aumale. j'ai trouvé les éléments de ce que j'appelle la véritable éloquence. Votre élève est loin de manier la langue latine comme la langue française; mais vous savez que j'attache pour lui peu d'importance à ce genre de succès, qui, justement, l'aurait rejeté dans une étude de formes, dans un matériel de langage, dont il n'a pas besoin; il entend bien ses auteurs, il les traduit d'une manière satisfaisante! Rien, grâce à vous, ne lui sera étranger dans les littératures anciennes.

» L'Académie française serait fort en peine s'il lui fallait avoir le prix d'honneur en rhétorique.

» Je me plais à vous le dire, Monsieur, comme je le dis à tout le monde, je regarde Mgr le duc d'Aumale comme un des rares et excellents élèves qui auront passé par nos colléges : il y a, selon moi, un bel avenir dans ce jeune prince, et il réalisera cette noble parole que le roi me disait en 1823 et que je n'oublierai jamais : « Je veux que mes enfants doivent à leur mérite, au moins autant qu'à leur naissance, le rang qu'ils tiendront dans leur pays. »

» Agréez, etc. »

Georges OZANEAUX.

Le jeune d'Aumale eut de nombreux succès universitaires, surtout en rhétorique où il remporta un prix de discours français et un prix d'histoire.

Il faut dire que ses condisciples ne jalousaient point ces récompenses absolument méritées. On n'eût pu en nier la justice sans être de mauvaise foi.

Le prince sortit du collége à l'âge de dix-sept ans, muni d'une brillante et solide instruction.

Le duc d'Aumale avait hérité de son oncle et parrain le prince de Condé (1) du magnifique domaine de Chantilly. Il était donc possesseur d'une énorme fortune.

Le prince de Condé était le père du malheureux duc d'Enghien, dont nous avons parlé déjà.

Voici la copie exacte du testament, en date du 30 août 1829, par lequel le prince de Condé institua le duc d'Aumale son héritier universel :

« Au nom du Père, du Fils et du Saint-Esprit,

» Je recommande mon âme à Dieu ;

» Moi, soussigné, Louis-Henri-Joseph de Bourbon, duc de Bourbon, prince de Condé, etc., je nomme et institue mon petit-neveu et filleul, Henri-Eugène-Philippe-Louis d'Orléans, duc d'Aumale, mon légataire universel, voulant qu'à l'époque de mon décès il hérite de tous les biens et droits mobiliers et immobiliers, de quelque nature qu'ils soient, que je posséderai à cette époque, pour en jouir en toute propriété, sauf les legs que j'institue par les présentes ou que je pourrai instituer par la suite.

» A défaut du duc d'Aumale désigné, je nomme et institue pour mon légataire universel le plus jeune des enfants mâles de mon neveu Louis-Philippe d'Orléans.

» Mon intention est que mon château d'Ecouen soit affecté à un établissement de bienfaisance en faveur des enfants, petits-enfants ou descendants des anciens officiers ou soldats de l'an-

(1) C'est en souvenir du dernier des Condé, et suivant les intentions du testataire, que le duc d'Aumale a donné à l'un de ses fils, mort malheureusement à la fleur de l'âge, le nom de *Prince de Condé*.

cienne armée de Condé et de la Vendée. J'affecte au service des dépenses de cet établissement une somme de cent mille francs qui sera payée annuellement et à perpétuité par mon petit-neveu le duc d'Aumale, ou par ses représentants.

» Je prie le roi (Charles X) d'agréer mon vif désir et ma demande expresse que ma dépouille mortelle soit déposée à Vincennes, auprès des restes de mon fils bien-aimé.

» Fait à Paris, en notre palais Bourbon, le 30 du mois d'août 1829.

» Signé : Louis-Henri-Joseph DE BOURBON.

Le prince de Condé était mort le 30 août 1830, peu de jours après l'événement du roi Louis-Philippe.

M. Dupin, dans le premier volume de ses *Mémoires*, raconte, que le duc de Bourbon-Condé avait voulu adopter le duc d'Aumale, et qu'il s'était arrêté seulement devant des formalités nombreuses et compliquées.

« J'ai pensé, dit-il, qu'il était bon, en présence de tant de passions qui ont laissé des traces de leur venin dans les journaux du temps, d'ajouter la preuve morale qui résulte de ces projets d'adoption, discutés entre les conseils des deux princes, pour montrer que *bien avant sa mort et bien avant la Révolution de Juillet*, le duc de Bourbon avait la volonté bien arrêtée de faire de M. le duc d'Aumale son héritier, et qu'on n'avait hésité que sur la forme : adoption ou testament. »

Le duc d'Aumale débuta, dans la carrière militaire, comme officier au camp de Fontainebleau, et fut nommé peu de temps après directeur de l'Ecole de tir à Vincennes.

Il fut promu sous-lieutenant à l'âge de quinze ans, le 1er janvier 1837, lieutenant en 1838, capitaine au 4e de ligne le 1er janvier 1839.

Le maréchal Bugeaud.

II. — Les débuts du soldat

L'expédition des *Portes de Fer*. — Le maréchal Valée et le duc d'Orléans. — Un beau coup d'essai. — Le commandant d'Aumale. — Le maréchal Bugeaud. — L'officier d'ordonnance. — Une belle réponse. — Le capitaine du 4e léger. — Un grand diable de Moricaud. — En 1840. — Un récit du capitaine Blanc. — Une lettre au roi de France. — Une missive au général Bugeaud. — Le colonel du 17e. — Une lettre à la reine Marie-Amélie. — Médéah. — A Mâcon. — Le poète Lamartine. — Un discours.

En 1839, l'émir Abd-el-Kader nous avait insolemment provoqués. L'*expédition des Portes-de-Fer* s'était aussitôt décidée. Le maréchal Valée remporta une victoire près de Blidah, et cette victoire rouvrit les hostilités.

Le duc d'Orléans revint alors se mettre à la tête de sa division. Le duc d'Aumale le suivait en qualité d'officier d'ordonnance; ce fut au combat de l'Ouedjer qu'il eut l'honneur de combattre pour la première fois. Sans hésiter, il fondit sur les Arabes à la tête d'un escadron électrisé par la fougue de ce chef de dix-huit ans. La bataille, ce qui lui donnait encore plus de grandeur, eut lieu à l'arme blanche — comme autrefois — et les Français furent victorieux.

Après ce magnifique coup d'essai, le duc d'Aumale se signala au combat de Mouzaïa, où il prêta son cheval au colonel Gueswiller et pénétra, en tête des grenadiers, dans la redoute qu'il s'agissait d'enlever. Après la bataille meurtrière du bois des Oliviers, les deux princes revinrent dans leur pays natal. A cette époque, le général Bugeaud fut chargé par le gouvernement d'établir notre domination en Algérie. En même temps, le duc d'Aumale était nommé commandant du premier bataillon du 21e léger, à Paris, et, aussitôt après, envoyé en Afrique, comme lieutenant-colonel du 21e de ligne, en garnison à Alger.

Lorsque le duc d'Aumale obtint, en 1840, la permission d'accompagner, comme officier d'ordonnance, le duc d'Orléans, qui allait prendre part à l'expédition du côté de Mouzaïa, beaucoup furent étonnés, car c'était alors un jeune homme blond et frêle. Mais il supporta les fatigues de la marche avec un courage au-dessus de tout éloge.

Un jour que, malade et saisi par une violente fièvre, on le suppliait de monter dans une voiture d'ambulance, il s'y refusa énergiquement en disant :

— Je me soignerai, quand on ne se battra plus.

D'Aumale savait sans doute ce que c'est que le danger, mais il le méprisait; il racontait lui-même, en riant aux larmes, la petite histoire suivante.

Il avait moins de dix-neuf ans lorsqu'il fut nommé capitaine aux grenadiers du 4e léger. Le jour où il se présenta à sa compagnie, un vieux grognard des guerres de l'Empire ne put s'empêcher, en sa présence, de s'écrier : « Ah nom... d'un canon! voilà qu'on nous envoie un enfant de troupe, à présent... puis il ajouta le mot de Cambronne. D'Aumale se contenta de sourire; mais, le lendemain, au col de Mouzaïa, à l'assaut d'une redoute, le jeune capitaine survint à temps pour abattre un grand diable de moricaud qui s'apprêtait précisément à sabrer le vieux grenadier. Et, tendant à celui-ci la main : — Eh bien? me considères-tu toujours comme un enfant de troupe? — Ah non! répliqua l'autre énergiquement.

L'année 1840 devait voir s'ouvrir la campagne ayant pour but de jeter Abd-el-Kader au-delà de l'Atlas et d'occuper d'une manière définitive Médéah et Milianah (1).

Dès que les plans du maréchal Valée eurent été adoptés par le gouvernement, le duc d'Orléans, fidèle à ses nobles principes, revint au milieu des troupes, accompagné de son frère le duc d'Aumale, alors chef de bataillon au 4e léger. Le capitaine Blanc, qui faisait partie de l'expédition (2), nous a ainsi raconté un de ces épisodes si flatteurs pour la bravoure du duc d'Aumale :

« Le 27 avril, dit-il, nous quittâmes Blidah, nous dirigeant sur les bois de Kharesas. La division du prince, dont le 2e léger faisait partie, devait s'établir à la pointe du lac Alloulah, tandis que les autres divisions pénétreraient dans les bois par la partie sud, et que le colonel Lamoricière, venant de Koléah avec les zouaves et le 3e léger, y entrerait par le Nord. On espérait trouver les Hadjoutes dans la forêt; mais ils l'avaient abandonnée, et tout se borna à l'incendie de quelques douars.

» L'armée s'établit pour le bivouac, la division d'Orléans en avant, conformément à l'ordre de marche; derrière nous était le lac Alloulah; et devant notre front se dressait le camp de l'ennemi, dont les tentes occupaient les hauteurs de l'Afroum, compris entre l'Oued-Ger et le Bou-Roumi. Notre campement était établi, notre soupe à demi faite, lorsqu'à quatre heures du soir les avant-postes signalèrent l'ennemi. Une grande ligne de

(1) C'était dans cette campagne que le *bataillon de chasseurs de Vincennes*, récemment créé, devait faire ses premières armes.

(2) *Souvenirs d'un Vieux Zouave*, tome Ier, pages 262, 263, 264.

cavalerie, sous les ordres de Barrack, s'avançant au pas et dans un ordre parfait, venait s'arrêter à une grande portée de canons de nos avant-postes.

» Le maréchal ordonna de lever le camp et de marcher à l'ennemi ; on renversa les marmites, et, en moins d'un quart d'heure, toute l'armée s'ébranlait en ordre de bataille, par bataillons en masse. L'ennemi ne bougeait pas; le maréchal eut l'idée de le canonner; mais le prince le pria de n'en rien faire, dans la conviction que Barrack voulait sérieusement combattre. Le drapeau du 2e léger fut tiré de son étui et déployé pour la fête qui se préparait. L'ordre de bataille était imposant; les échelons conservaient leurs distances, tout en marchant d'une allure décidée. Une particularité nous charma : ce fut de voir les officiers étrangers qui, au nombre de douze ou quinze, suivaient nos opérations, se réunir en un peloton, et, le sabre à la main, se placer derrière le prince sous les ordres de l'un d'entre eux. Barrack nous laisse approcher à portée de fusil, puis, faisant tout à coup demi-tour, il se met en retraite vers les gorges de l'Oued-Ger et celles du Bou-Roumi.

» Quel désappointement pour nous tous !

« Allez vite, dit le prince, ordonner à la cavalerie de charger de manière à les couper de l'Oued-Ger. » Et, se retournant en même temps, il s'aperçoit que tous ses aides de camp sont en course à droite et à gauche. Il ne lui reste plus qu'un officier d'ordonnance, et c'est son frère, le duc d'Aumale, qui a déjà rassemblé son cheval et va partir. Le duc d'Orléans paraît hésiter, mais il y a tant d'urgence dans la mission et tant d'éloquence dans le regard de son frère, qu'il lui fait signe d'aller et le jeune chef de bataillon s'élance à fond de train vers notre aile droite où était la cavalerie. Bientôt un nuage de poussière nous apprenait que les chasseurs chargeaient.

» Cependant nous avions redoublé de vitesse; nous approchions des montagnes, et la nuit menaçait de nous enlever le prix de notre longue marche, lorsque, arrivés au pied des collines sur lesquelles était le camp ennemi, le prince nous fit mettre sac à terre. Dès lors, rien ne pouvait nous arrêter; on gravit les hauteurs malgré la résistance des Arabes, et, quand nous fûmes maîtres des positions, il faisait tellement nuit que l'ordre fut donné de bivouaquer, sans soupe, sans feu, sans eau; et, cependant, nous étions entre deux rivières et près de la fontaine de l'Afroum. Mais nous ne connaissions pas le pays; la nuit était obscure, il y avait donc grand danger à s'écarter de son poste. Quelques malheureux d'un régiment de la gauche, ayant voulu descendre au Bou-Roumi, dont ils étaient assez près, furent égorgés par les Arabes.

» Tel fut le combat de l'Afroum, où les jambes jouèrent un plus grand rôle que les bras. Nous n'avions que 6 tués et 30 blessés; mais, parmi ces derniers, le brave colonel de chasseurs M. de Miltgen, qui succomba quelques jours après à ses blessures.

» Comme le duc d'Orléans demeura constamment à notre tête, je pus observer ses impressions, et surtout son inquiétude, en ne voyant pas revenir son frère auprès de lui. Au lieu de retourner à l'état-major général, après avoir transmis l'ordre dont il était chargé, le duc d'Aumale s'était mis à la tête de la cavalerie, botte à botte avec le colonel, et n'avait quitté le combat que lorsque la nuit y avait mis fin. »

Le chef de l'expédition put écrire à Louis-Philippe la lettre suivante, sans être assurément accusé de courtisanerie :

« Sire,

» Je prie Votre Majesté de me permettre de lui faire connaître la belle conduite de Mgr le duc d'Aumale, pendant la longue expédition à laquelle il vient de prendre part. Ce jeune prince, qui passait à l'armée pour la première fois, s'est constamment fait remarquer par son ardeur et son courage. Il a couru, dans plusieurs endroits, les plus grands périls, en marchant aux premiers rangs de nos bataillons, et sa bienveillance lui a concilié l'affection et le dévouement de tous. Son Altesse Royale est portée sur le tableau d'avancement pour le grade de lieutenant-colonel; mais l'armée serait heureuse de lui voir obtenir en outre la décoration de chevalier de la Légion d'honneur, ordre dont sa naissance l'appelle à porter le grand cordon ; mais Votre Majesté a voulu que les princes, ses fils, méritassent le premier grade, en servant dans les rangs de ses armées.

» J'ose espérer, Sire, que Votre Majesté daignera accueillir la demande que je lui adresse, et qu'elle me pardonnera de n'avoir pas suivi les formes ordinaires, dans cette circonstance toute exceptionnelle.

» Maréchal VALÉE. »

Le duc d'Aumale, qui avait déjà accompagné son frère aîné dans sa dernière campagne, écrit, le 25 février 1841, au nouveau gouverneur, le général Bugeaud, cette lettre toute pleine d'entrain de jeunesse, et alerte comme une fanfare :

« Mon Général, le roi m'ayant désigné pour remplir un emploi de mon grade, vacant au 24e régiment de ligne, d'ici à peu de jours je vais me rendre en Afrique pour y rejoindre mon corps, et j'y resterai longtemps, je l'espère. J'ai tenu à vous dire moi-même, et le plus tôt possible, combien j'étais heureux et fier de servir sous les ordres d'un chef aussi distingué que vous, et que je ferai de mon mieux pour mériter votre estime, pour justifier l'honneur qui m'est fait.

» Je vous prierai, mon Général, de ne m'épargner ni fatigue, ni quoi que ce soit ; je suis jeune et robuste, et, en vrai fils de Gascogne, il faut que je gagne mes éperons. Je ne vous demande qu'une chose, c'est de ne pas oublier le régiment du duc d'Aumale, quand il y aura des coups à recevoir et à donner.

» Agréez, mon Général, l'assurance de mon respect. »

La lettre qu'on va lire, lettre toute intime et toute française, est datée d'un bivouac d'Afrique et adressée à la reine Marie-Amélie. C'est la lettre d'un soldat à sa mère, rien de plus. Mais après l'avoir lue, on verra que c'est beaucoup, quand celui qui l'a écrite est un fils de roi.

Le vœu exprimé ici fut exaucé ; le jeune colonel rentra, le

13 septembre 1841, dans Paris, à la tête de son brave 17ᵉ, en tenue de campagne et « la cartouchière au ventre », ainsi qu'il l'avait annoncé (1).

Au plateau des Réguliers, ce 9 juin 1841.

« Ma mission est terminée, chère Majesté, et sans coup férir. L'occasion pourtant était bonne; jamais on n'avait lancé un convoi de ce côté de l'Atlas avec une simple escorte de quatre bataillons; mais, décidément, ces Messieurs n'en veulent plus. Enfin, j'ai mené ma colonne aussi militairement que possible, et, si l'ennemi m'avait tâté, j'aurais essayé de le recevoir de mon mieux; je vous assure cependant que je me sens soulagé d'un grand poids, depuis deux heures que je suis ici. Après demain, comme Baraguay a reçu mon brevet, je serai reconnu colonel du 17ᵉ; je crois que je serai le seul colonel qui ait pris le commandement d'un régiment de ce côté de l'Atlas. Maintenant qu'on me laisse achever mon temps d'Afrique avec ces braves gens, et je ne demanderai qu'une chose au roi, c'est de lui conduire le 17ᵉ tout droit de Toulon à Paris, et de le lui montrer avec sa vraie tenue d'Afrique, avec la capote râpée et la cartouchière au ventre.

» La musique du 53ᵉ, en garnison à Médéah, m'a fait faire ce matin un petit voyage en France; elle a joué des airs du Pré aux Clercs, de Gustave... et, il y a deux mois que je n'avais pas entendu une note de musique; cela m'a fait un indicible plaisir. Mais ne parlons pas longtemps de la France; ces idées-là donnent trop d'émotions au bivouac; en ce moment, il faut songer à régler tout avec le comptable, car je ne sais vraiment pas quel métier je n'ai pas dû faire, ces trois jours, pour faire marcher la colonne mal outillée qu'on m'avait donnée : bouviers, gendarmes, charretiers, commis, rien ne m'a manqué; mais il paraît que c'est comme cela qu'on se forme. En attendant que je sois bien formé, j'avoue que cela fatigue un peu; or, il est tard, j'ai

(1) Le *Figaro*, qui publiait cette lettre le 10 février 1871, l'avait empruntée à la collection d'autographes de Villemessant.

encore à écrire au général; permettez-moi donc de vous souhaiter le bonsoir, ainsi qu'à toute la famille, que j'embrasse de tout mon cœur.

» Votre respectueux fils,

» Henri D'ORLÉANS. »

On ne lira pas sans intérêt non plus une lettre écrite, en 1843, par le duc d'Aumale, alors commandant de la subdivision de Médéah, à un de ses camarades du lycée Henri IV, professeur au lycée de Mâcon. Dans son aimable familiarité, cette lettre est mieux qu'une page d'histoire; c'est la meilleure des réponses aux étranges considérants que souvent on a faits contre les grades donnés au prince.

« Médéah, le 9 février 1843.

» Je ne veux pas avoir reçu une lettre du solitaire de Mâcon, sans qu'il reçoive à son tour une réponse du solitaire de Médéah. Tu sais, mon cher B..., quel cas je fais de tes excellentes qualités, et combien je tiens à conserver la bonne amitié qui nous unit.

» De ma vie présente, que te dire? que te conter? Irai-je te parler de nos courses dans les plaines du désert, sans eau et sans bois; de nos marches pénibles dans la neige des montagnes, de nos petits combats, de nos coups de main nocturnes? Quel intérêt trouverais-tu au récit de cette rude et sauvage existence, qui tient autant de la vie du brigand que de la vie du soldat, mais qu'ennoblissent le but que l'on se propose et la cause que l'on sert? Ou bien encore te parlerai-je de la politique arabe, de mes rapports difficiles avec ces hommes si fins et si retors, de nos travaux administratifs dans un pays où il faut tout organiser et tout créer?

» Figure-toi un pauvre diable de 21 ans, laissé avec 2.000 Français, dans une bicoque en ruine et dépeuplée, au milieu de hautes montagnes, et là se trouvant à la fois, pour un pays de plus de 50 lieues carrées, général en chef, ministre des finances, juge en dernier ressort, etc.; forcé avec cette poignée de compatriotes de maintenir dans l'obéissance plus de cinquante tribus soumises à peine et fort à contre-cœur, de les rassembler quand l'ennemi se présente pour le repousser ou le combattre, de lever des impôts, de faire exécuter tous les ordres, et de rendre la justice : de bâtir des hôpitaux et des casernes, de faire des routes, des travaux agricoles; que sais-je enfin! n'ayant pour tout guide dans ce dédale qu'un peu d'énergie et de dévouement, qu'un certain instinct de droiture, pour tous renseignements ceux qu'il se procure lui-même, pour instruments cinq ou six officiers, hommes de ressource et d'intelligence, mais enfin assez peu spéciaux, et tu auras une idée assez imparfaite des occupations très variées de ton ami, et de la responsabilité si lourde et si complexe qui pèse sur lui. On ne m'en saura pas gré, je le sens, et je ne m'en plains pas; on ne peut pas se rendre compte, en France, de toutes les difficultés que je rencontre, même sur une très petite échelle; mais si je mène ma barque au port, ce sera une grande satisfaction pour ma conscience, et, en tout cas, la vie que je mène ici ne peut manquer de me mûrir un peu le cerveau.

» Adieu, mon philosophe, il y a des moments où je pourrais te dire mélancoliquement comme Virgile :

Nos patriam fugimus ; nos dulcia linquimus arva.

» Et, pourtant, il y a dans cette existence aventureuse, dans cette vie de sacrifices et de privations, un secret contentement de soi-même qui lui prête un charme indéfinissable; et puis, quand le soir, après avoir chanté le joyeux refrain, on se prend à regarder ces belles étoiles qui luisent aussi pour la France et pour tous ceux qu'on aime, on est saisi d'un sentiment de mélancolique poésie que rien ne peut rendre, mais qu'on ne connaît qu'au bivouac. Personne plus que l'homme de guerre n'a le cœur accessible aux émotions tendres. Adieu donc. Un congé pour mariage ne se refuse jamais. Je ne crois pas que ma recommandation soit nécessaire pour cela.

» Tout à toi,

» Henri d'Orléans. »

Au printemps de 1841, le duc d'Aumale engagea un combat à la baïonnette, près de Médéah, contre des cavaliers d'Abd-el-Kader; les Arabes furent refoulés victorieusement. L'armée se sépara en deux colonnes, et le duc d'Aumale fit partie de celle que dirigeait le général Baraguay d'Hilliers. Le prince montra une endurance extraordinaire. Pendant une marche forcée de vingt heures, il n'eut pas une plainte, et ses soldats entraînés l'imitèrent. Mais la campagne avait été rude; bientôt il fut forcé de rentrer en France où l'attendait un grand enthousiasme.

A Mâcon, il se passa un fait curieux. Le poète Lamartine, qui était l'adversaire politique de la monarchie de Juillet, vint présenter le Conseil général au jeune prince, et lui adressa ce discours :

« La France aime l'égalité, voilà pourquoi elle honore en vous cette fraternité du champ de bataille qui s'établit, par la vertu de sa constitution, entre le fils du laboureur et le fils du trône.

» Dans la démarche que nous faisons près de vous, il y a plus que du respect pour votre rang, il y a de l'estime pour votre personne.

» Vous venez de servir votre pays; il grandit tout ce qui le sert.

» A Paris, vous serez un prince, ici vous êtes un soldat. Daignez reporter aux braves que vous commandez l'expression de l'estime publique pour cette admirable armée qui, au milieu des agitations inséparables de la liberté, n'a pas fait une faute en dix ans et qui ne manquera jamais aux lois, ni à la gloire. »

Le prince répondit :

« Je remercie vivement le Conseil général de sa démarche et des belles et nobles paroles que M. de Lamartine vient de faire entendre. Dans sa bouche, elles ont un prix de plus, comme expression des sentiments d'un corps aussi imposant dans le pays et d'un département dont les vertus guerrières sont appréciées dans l'armée. Oui, je me glorifie de n'être que le camarade de ceux que j'ai l'honneur de commander et de servir le pays avec eux : Il est bien vrai que rien ne m'est plus cher que les grades que j'ai eu le bonheur d'obtenir en Afrique.

» Je reporterai à mon régiment tout ce que le Conseil général me dit de si flatteur pour moi, de si juste pour lui.

» Vous ne vous trompez pas sur mes sentiments en croyant que je serais moins fier d'être reçu en prince qu'en soldat. »

Quelques jours plus tard, dans la petite ville d'Arnay-le-Duc, un de nos braves généraux d'Afrique, Changarnier, vint à son tour saluer le colonel du célèbre 17e léger :

« J'ai la confiance de connaître l'armée d'Afrique, s'écria-t-il, et je puis dire que le duc d'Aumale, qui a noblement suivi les traces de ses aînés, emporte les regrets, l'estime profonde et l'affection sincère de cette armée, à laquelle le lieront toujours tant de glorieux souvenirs. »

A la rentrée à Paris, un stupide attentat devait rendre le duc d'Aumale encore plus populaire qu'il ne l'avait été.

Soudain, un coup de feu... (page 29)

III. — Un attentat

Le retour du 17e régiment d'infanterie. — Le jeune colonel. — Le 13 septembre 1841. — A la barrière du trône. — Un coup de feu sur le duc d'Aumale. — Un sourire. — Quénisset. — Ses complices. — De 1841 à 1842. — Le maréchal de camp. — A Courbevoie.

On attendait à Paris le retour du 17e régiment d'infanterie légère.

Des fêtes avaient été organisées pour célébrer le retour de ces lions d'Afrique et de leur jeune colonel, le duc d'Aumale.

D'ailleurs, la population ne pouvait oublier que le 17e léger était resté six ans en Algérie, qu'il s'était brillamment conduit à la Vickah, à l'assaut de Constantine et surtout au bois des Oliviers, où il avait lutté dans la proportion d'un Français contre six Arabes.

Il rapportait un drapeau criblé de balles à Tlemcen, aux Portes-de-Fer, à Oran, à Bône, au col de Teniah, à Boghar et à Taza.

Le 13 septembre 1841, le régiment quittait Corbeil, à sept heures du matin. Le chemin de fer le déposait à Port-à-l'Anglais en moins de trente minutes. Les vitesses ont changé depuis.

Le duc d'Aumale, rejoint par le duc de Nemours, arrivé de Compiègne, et accompagné du duc d'Orléans, venant de Melun, se mit à la tête du vaillant 17e et se dirigea vers Paris par Saint-Mandé et l'avenue de Vincennes.

A la barrière du Trône, la phalange africaine fut reçue par le lieutenant-général Darriule, commandant le département de la Seine et la place de Paris, suivi de son état-major, auquel s'étaient joints un grand nombre d'officiers supérieurs de la garnison et d'officiers généraux; nous pouvons citer Changarnier et Bedeau.

La foule était si compacte que le général Darriule ne put que difficilement frayer un passage au 17e régiment.

Le duc d'Aumale avait à sa droite le duc de Nemours et le lieutenant-colonel Levaillant; à sa gauche, le duc d'Orléans.

La garde municipale ouvrait la marche, la fermait et formait la haie.

Les assistants étaient enthousiasmés en voyant défiler ces hommes au teint basané, à la figure amaigrie, dénotant les souffrances subies là-bas. La capote relevée en pointe par derrière, le pantalon garancé, serré dans des guêtres de toile blanche, la cartouchière servant de ceinture et la casquette rouge, tel était le costume illustré au bois des Oliviers.

Plus la colonne se rapprochait de Paris, plus l'effervescence généreuse et patriotique du peuple augmentait.

Soudain, à la hauteur de la rue de Charonne, un coup de feu tiré presque à bout portant sur le duc d'Aumale tue le cheval du lieutenant-colonel Levaillant et blesse à l'épaule celui du général Schneider.

Après un moment de stupeur, l'indignation fut indescriptible. La première compagnie de carabiniers fit un rapide mouvement.

— L'arme au pied! commanda le duc d'Aumale.

— Que personne ne bouge! s'écrie simultanément le duc d'Orléans.

Sans la présence d'esprit des princes, un malheur irréparable se fût certainement produit.

Le duc d'Aumale, qui avait dix-neuf ans, frisa sa moustache naissante.

Froid, calme, à peu près impassible, il vit bientôt arrêter le fanatique imbécile, qui s'imaginait évidemment faire le bonheur de ses contemporains en assassinant le quatrième fils de Louis-Philippe.

Le jeune homme finit même par sourire et prononça :

— Il paraît que l'on commence à me compter pour quelque chose, puisqu'on veut me tuer.

L'individu qui avait tiré s'appelait Quénisset, dit Papart; il avait vingt-sept ans; il exerçait la profession de scieur de long.

Il avait des complices : un autre scieur de long, nommé Boucheron; cinq ébénistes : Petit, Jarrasse, Martin, Fougeray et Bouzer; un menuisier : Brazier; un serrurier : Boggio.

Ajoutons un cordonnier : Mallet. Il n'y avait pas de complot sans « braves » à cette époque.

Il n'y en avait pas non plus sans marchands de vins : Colombier et Considère représentèrent l'honorable corporation. Ils s'étaient même adjoint un garçon de cuisine nommé Bazin, ce qui est assez pacifique, mais prénommé Napoléon, ce qui est plus belliqueux; un Belge, Launois, monteur en cuivre, et Dupoty, rédacteur en chef du *Peuple*, complétèrent la fournée qui comparut devant la Cour des Pairs, le 3 décembre.

La Cour condamna Quénisset, dit Papart, Colombier et Brazier à mort; Petit, Jarrasse et Dufour, à la déportation; Boggio et Mallet, à quinze ans de détention; Boucheron et Launois, à dix ans; Dupoty et Bazin (Napoléon), à cinq ans de la même peine.

Inutile d'ajouter que le colonel du 17e régiment d'infanterie légère ne voulut pas que le trio fût exécuté.

Le duc d'Aumale et ses frères, les ducs de Nemours et d'Orléans, supplièrent leur père de faire grâce.

Louis-Philippe fit grâce, et Quénisset ne fut que déporté, et Colombier et Brazier envoyés aux travaux forcés. Le roi supprima aussi l'exposition infamante, qui existait alors.

De 1841 à 1842, le prince commanda le 17e léger, caserné à Courbevoie. En 1842, il fut promu au grade de maréchal de camp, se rembarqua à Brest pour l'Afrique, et passa par Lisbonne et Gibraltar. Il fut nommé commandant supérieur de la province de Tittery et soumit un nombre très important de tribus. C'est alors que se plaça l'événement culminant de son existence, c'est-à-dire la prise de la Smalah.

Tout à coup, un cavalier surgit... (page 36)

IV. — La prise de Smalah

La Smalah d'Abd-el-Kader. — A Boghar. — Le 13 février 1843. — Le colonel Yusuf. — Pour ruiner la puissance d'Abd-el-Kader. — Le 16 mai 1843. — Au milieu de la plaine. — Les spahis. — M. Legrand. — Un récit du général Fleury. — Un coup de main heureux. — La charge. — La prise de la Smalah. — Un récit d'Abd-el-Kader.

La prise de la Smalah d'Abd-el-Kader est considérée, avec la bataille d'Isly, comme un des faits d'armes les plus beaux et les plus intéressants de la guerre d'Afrique. Elle suffirait pour immortaliser le nom du duc d'Aumale. On a voulu y voir seulement un coup de main heureux. En réalité, l'expédition fut admirablement préparée et conduite. Le 13 février 1843, le colonel Yusuf reçut de Bugeaud l'ordre de se mettre, avec trois escadrons de spahis, à la disposition du duc d'Aumale, qui se préparait à châtier la tribu des Oulad-Antar, alors en pleine insurrection; du Barail était de la partie. Montluc aurait dit : « de la noce »,

Un jour, à la suite d'une razzia importante, le colonel avisa, parmi les prisonniers, un vieillard, qui semblait être l'objet d'une vénération profonde de la part de ses compagnons d'infortune. C'était, en effet, un marabout, probablement chargé d'une mission secrète auprès de la tribu.

Yusuf était toujours très bien informé, parce qu'il interrogeait toujours les prisonniers qui lui paraissaient les plus intelligents. Il fit causer le marabout et sut de lui qu'il était un homme de l'Ouest, et qu'il connaissait parfaitement les Arabes importants de la province d'Oran.

En parlant des chefs que nous avions combattus, le colonel prononça le nom de Mustapha-ben-Thami.

— Mustapha-ben-Thami! dit le marabout, il ne quitte presque plus la Smalah, dont il a la garde.

Yusuf n'avait jamais entendu parler de la Smalah. Il ne se laissa pas démonter, et, sans avoir l'air un instant d'ignorer ce dont lui parlait le marabout, il eut l'adresse de se faire donner par lui tous les renseignements désirables. Il apprit bientôt que la Smalah était la capitale mobile de l'empire nomade d'Abd-el-Kader; qu'elle consistait en une agglomération de plus de quarante mille personnes; qu'elle renfermait tout ce que l'Emir avait de plus précieux : sa famille, ses archives, ses ateliers de réparations, ses provisions de guerre, ses troupeaux, enfin tous les instruments de sa puissance. Il la défendait avec ses réguliers, l'escortait avec eux, et en avait confié la surveillance à son ami le plus sûr, le plus fidèle, son khalifa Mustapha-ben-Thami.

Yusuf comprit immédiatement l'importance de cette révélation et alla en faire part au prince. Il lui développa avec chaleur et conviction la thèse suivante :

Les Arabes ne sont forts que parce qu'ils sont insaisissables, et parce qu'ils croient et font croire à tout le pays que, pour échapper à nos atteintes, il leur suffit de s'enfoncer dans le Sud.

Donc, s'emparer de la Smalah d'Abd-el-Kader, c'est ruiner à la fois sa puissance et son prestige.

Quand il revint à Alger, le colonel n'avait plus que cette idée en tête : prendre la Smalah. Mais le mot et la chose étaient aussi nouveaux l'un que l'autre, et Bugeaud était tout à son projet d'aller fonder sur les immenses ruines romaines d'El-Esnam, au bord du Cheliff, un grand établissement qui devait s'appeler Orléansville, et dont il voulait s'occuper, toute affaire cessante.

Il se rendit néanmoins aux instances du duc d'Aumale, qui, de son côté, ne rêvait plus guère que la prise de la Smalah. Il obtint enfin l'autorisation de diriger, dans le sud de l'Algérie, une expédition dont les résultats furent considérables.

Bugeaud lui laissa toute liberté de manœuvrer, et mit une seconde fois les spahis à sa disposition.

Le 2 mai 1843, on se mit en marche vers le Sud, sans objectif déterminé, car personne ne pouvait, ne voulait ou n'osait dire où était la Smalah. Le 16 mai, après quatorze jours de marche, on la découvrit enfin.

Le spectacle était invraisemblable. Imaginez, au milieu d'une plaine légèrement creusée, où coulent les eaux de la source de Taguine, arrosant un fin gazon, un campement s'étendant à perte de vue et renfermant toute une population, occupée à dresser les tentes, au milieu des allées et venues d'innombrables troupeaux de bêtes de toutes espèces : hommes, femmes, enfants, chevaux, mulets, moutons,... de quoi remplir plusieurs escadres d'arches de Noé. C'était grandiose et terrifiant.

Sur le terrain, le duc d'Aumale, le colonel Yusuf et le lieutenant-colonel Morris, commandant du 4e de chasseurs d'Afrique, tinrent un rapide conseil de guerre.

Le duc d'Aumale dit alors ces belles paroles :

« Messieurs, nous allons marcher en avant! Mes aïeux n'ont jamais reculé! Je n'en donnerai pas l'exemple. »

Les spahis reçurent l'ordre de se précipiter sur la Smalah, pendant que les chasseurs d'Afrique en feraient rapidement le tour pour couper la retraite aux fuyards. Les 350 cavaliers de

Yusuf se lancèrent à fond de train, et, tête baissée, au milieu de l'immense campement, en poussant des cris féroces et en déchargeant leurs fusils. Il restait, pour la protection de la Smalah, la valeur de deux bataillons réguliers. Les Arabes furent surpris dans leurs tentes, sans pouvoir se mettre en défense ni faire usage de leurs armes. En arrivant à l'extrémité du campement, traversé de part en part, les spahis, débandés, éprouvèrent tout à coup une vive anxiété, car ils voyaient venir sur eux une troupe de cavaliers, rangée en bon ordre, qu'ils prirent pour les cavaliers réguliers d'Abd-el-Kader, accourant à la rescousse. C'étaient heureusement les chasseurs du lieutenant-colonel Morris, qui venaient d'accomplir leur mouvement tournant.

La Smalah de l'Emir était prise. L'effet moral fut immense. Une ville prise, une bataille gagnée eussent moins avancé nos affaires que cet heureux coup de main.

Le colonel Yusuf présenta au duc d'Aumale, sur le terrain même de la charge, le sous-lieutenant du Barail et demanda la croix pour lui.

— S'il y a deux croix pour les spahis, dit le prince, la première sera pour M. Legrand, la seconde sera pour vous.

M. Legrand était lieutenant au 3e escadron. Le 16 août 1870, général de division, il fut tué à Gravelotte en chargeant à la tête de ses régiments.

Il y eut deux croix pour les spahis. Du Barail eut la seconde :

« Un demi-siècle, écrit-il, a passé depuis ce jour-là, et la joie qu'elle m'apporta est toujours aussi vivante dans mon âme de soldat français » (1).

Le colonel républicain Charras disait un jour, en parlant de l'enlèvement de la Smalah, et, en matière de courage, l'homme était bon juge :

« Pour entrer, comme l'a fait le duc d'Aumale, avec cinq cents hommes au milieu d'une pareille population, il fallait avoir vingt-trois ans, ne pas savoir ce que c'est que le danger ou bien avoir le diable dans le ventre! Les femmes seules n'avaient

(1) *Mémoires du général du Barail*, page 208.

qu'à tendre les cordes des tentes sur le chemin des chevaux pour les culbuter, et qu'à jeter leurs pantoufles à la tête des soldats pour les exterminer tous depuis le premier jusqu'au dernier. »

Le général Fleury, qui était de cette prise, en a laissé ce pittoresque récit :

« Autant que je m'en souviens, dit le général, voici comment les choses se sont passées. Le 16 mai, au matin, Yusuf, qui était l'âme de l'expédition, s'était porté bien en avant de la cavalerie pour recevoir, de première main, les rapports qui lui viendraient de ses coureurs et les communiquer au prince. Nous cheminions depuis une heure, intrigués par un nuage de poussière, qui s'élevait au loin, lorsque, tout à coup, un cavalier, qu'un pli de terrain nous cachait, quelques instants auparavant, — par cet effet de mirage qui se produit dans le Sud — surgit, débusquant à fond de train à notre rencontre, ému, pâle et comme poursuivi par un songe.

— Fuyez, fuyez, dit-il, quand vous le pouvez encore! Ils sont là! tout près, derrière le mamelon!

» Et il montrait la direction.

— Ils arrivent au campement sur le Taguin. S'ils vous voient, vous êtes perdus! Ils sont soixante mille, et rien qu'avec des bâtons ils vous tueront comme des lièvres qu'on chasse. Pas un seul d'entre vous ne reviendra pour porter à Médéah la nouvelle de votre désastre!

— Allons, calme-toi, répondit Yusuf froidement, avec l'habitude qu'il avait du caractère impressionnable des Arabes; raconte-moi bien ce que tu as vu. Puis, après s'être fait répéter avec plus de précision et moins d'émotion l'état des choses, il se retourna vers moi :

— Laissons l'escorte, allons voir de nos yeux; et vous, du Barail, courez prévenir le prince de ce qui se passe. Priez-le d'avancer au galop.

» Alors, suivis seulement du coureur arabe, nous partons comme l'éclair, nous espaçant pour ne pas faire de poussière à notre tour, et nous arrivons en quelques minutes comme trois fantômes, sur le point culminant du mamelon.

» Là s'offrait devant nous, à nos pieds, le spectacle le plus saisissant. Mohamed-ben-Ayad n'en avait pas exagéré la dangereuse réalité. La Smalah venait, en effet, d'arriver sur le cours d'eau. Elle s'installait pour camper : femmes, enfants, défenseurs, muletiers, troupeaux, tout était encore pêle-mêle. On entendait les cris, les bêlements de cette foule confuse. A la lorgnette, on distinguait les armes des nombreux réguliers de l'Emir, présidant à l'assiette du campement. Quelques rares tentes blanches, abritant les femmes d'Abd-el-Kader ou des grands chefs, étaient à peine dressées. Tout était en travail comme dans une ruche. Des milliers de chameaux ou de mulets encore chargés attendaient. Ceux qui avaient été soulagés de leur fardeau se répandaient au loin, tout le long des bords verdoyants de la petite rivière. D'innombrables troupeaux de moutons, de chèvres, venaient encore augmenter ce gigantesque désordre. Tous ces êtres assoiffés semblaient devoir tarir le filet d'eau précieux qui se déroulait en sinuosités au milieu de ce chaos.

— Il a raison, dit Yusuf après que nous eûmes contemplé ce panorama inimitable, il a dit vrai Ben-Ayad. Il n'y a pas une minute à perdre. Venez!

» Et, repartant avec la même vitesse que nous avions mise pour arriver, nous nous dirigeons vers le prince qui s'était sensiblement rapproché.

» Dès que nous l'eûmes rejoint, le duc s'arrêta, et, à ce moment, se forma comme un conseil de guerre composé des chefs indigènes et des Français. Les chefs indigènes étaient unanimes dans leur avis et suppliaient le général d'attendre, ajoutant que ce serait folie d'avancer. Après avoir entendu le rapport de son chef de cavalerie, le prince, avec un grand calme, lui dit :

— Quelle est votre opinion?

— Mon avis, répond Yusuf, est qu'il faut attaquer de suite, si nous ne voulons pas être écrasés par un ennemi très nombreux, qui, d'un instant à l'autre, va découvrir nos traces; mais je ne dois pas dissimuler à Votre Altesse Royale que l'entreprise offre de très sérieuses difficultés.

» Le colonel Morris, consulté, fit la même réponse, et conseilla fermement d'attaquer.

— Je pense absolument comme vous, dit le duc d'Aumale, nous allons marcher en avant!

» Puis, se tournant vers ses deux aides de camp, les colonels Jamin et de Beaufort :

— Faites prévenir l'infanterie qu'elle ait à hâter sa marche pour nous soutenir.

» Et, en même temps, le général distribuait ses ordres aux colonels Yusuf et Morris, comme s'il se fût agi d'aller à la manœuvre.

» L'on se séparait pour aller chacun occuper son poste de combat, lorsque le colonel de Beaufort, prenant la parole, dit :

— Monseigneur, nous sommes ici, le colonel Jamin et moi, responsables vis-à-vis du roi, et nous avons mission de veiller sur Votre Altesse Royale. Permettez-nous de vous faire remarquer que l'infanterie est encore bien loin, qu'elle est fatiguée par les marches forcées de ces derniers jours, et qu'il est de toute prudence d'attendre au moins que les zouaves et l'artillerie du colonel Chasseloup soient à votre portée.

— L'infanterie, que l'on est allé prévenir, va faire un effort, reprend le prince; mais la situation périlleuse, que vous signalez, commande justement de marcher en avant. »

Il me paraît intéressant de détacher des notes tenues par M. le général Dumas pendant sa mission auprès d'Abd-el-Kader interné à Toulon, le récit de cet événement, émané de l'Emir lui-même.

« Quand ma Smalah a été attaquée par le duc d'Aumale, je n'évalue pas à moins de 60.000 âmes la population qu'elle renfermait; il n'en a pas été enlevé la dixième partie. J'avais avec moi les tribus entièrement organisées des Hachem, des Beni-Median, des Oulad-Cherif, des Oulad-el-Akrend, des Beni-

Lent, etc., etc.; et, de plus, des fractions d'à peu près toutes les tribus qui s'étaient soumises à vous. Ces fractions étaient composées de marabouts, de talbas (chefs) enfin, qui n'avaient pas voulu vivre sous vos lois. Ils m'étaient très utiles, parce que, ayant tous eu de l'influence dans leur pays, ils y avaient conservé des relations et me tenaient informé de vos mouvements.

» Ce monde s'étendait depuis Taguin jusqu'au Djebel-Amour. Quand un Arabe y avait perdu sa famille, il lui fallait quelquefois deux jours pour la retrouver, et si un troupeau de gazelles venait à se lever sur son passage, il était tué sans qu'il fût besoin de tirer un coup de fusil, et cela rien qu'avec les bâtons des hommes du peuple. Là où nous campions, nous mettions à sec les ruisseaux, les puits, les mares. Aussi, avais-je établi avec soin un service pour reconnaître les eaux et empêcher les troupeaux de les salir ou de les gaspiller. Malgré ces précautions, il est mort beaucoup de monde par la soif.

» Ma Smalah renfermait des armuriers, des selliers, des tailleurs, tous les ouvriers nécessaires à notre organisation. Il s'y tenait un immense marché fréquenté par les Arabes de la lisière du Tell. Quant au grain, ou il nous était apporté, ou nous allions nous approvisionner dans les tribus du Nord.

» L'ordre de campement des tribus était parfaitement réglé. Quand j'avais dressé ma tente, chacun connaissait l'emplacement qu'il devait occuper. Autour de moi, de ma famille, de mon petit trésor, j'avais toujours 300 ou 400 fantassins réguliers, mes Khiabas, et puis les Hachem d'Ehgris qui m'étaient dévoués plus que les autres. Tu vois par là qu'il n'eût pas été facile d'arriver jusqu'à moi, non pas que je prisse ces précautions par un sentiment de cruauté; mais je sentais que j'étais nécessaire pour accomplir l'œuvre de Dieu, car j'étais le bras qui portait son drapeau. Au lieu de se garder dans les environs de la Smalah, j'avais donné aux miens la bonne habitude d'aller nous garder chez nous. Je me trouvais, moi, du côté de Tagdempt, observant la division d'Oran qui était dans le voisinage et que je croyais avoir le plus à redouter. J'avais avec moi 15 ou

1.600 cavaliers; mais je n'avais pas cru avoir à me méfier du côté de Médéah, et aucun de mes Khalifas ne surveillait le fils du roi.

» Malgré cela, nous n'eussions pas été surpris, si Dieu n'avait pas aveuglé les miens. Mais, en voyant arriver vos spahis avec leurs burnous rouges, on crut, dans la Smalah, que c'étaient mes Khialas qui rentraient avec moi. Les femmes poussaient des cris de joie en notre honneur : elles ne furent désabusées que lorsque les premiers coups de fusil partirent. Ce fut alors une confusion inexprimable qui annihila les efforts de ceux qui voulaient se défendre.

» Si je m'étais trouvé là, nous aurions combattu pour nos femmes, pour nos enfants. Et vous eussiez vu sans doute un grand jour. Mais Dieu ne l'a pas voulu ; je n'ai connu ce malheur que trois jours après. Il était trop tard ! »

Quelques fuyards ayant appris au général de Lamoricière l'enlèvement de la Smalah, le général se porta dans la direction qui lui était indiquée comme étant celle que devaient suivre les débris de la Smalah, et il rejoignit les fugitifs, pensant qu'Abd-el-Kader était au milieu d'eux. Cette population de 2.500 âmes, dénuée de tout, et mourant de faim, implorait la générosité du vainqueur.

Lamoricière eut pitié de ces malheureux ; il les fit reconduire dans la plaine d'Ehgris et pourvut à tous leurs besoins.

La prise de la Smalah coûta la mort du plus ancien et du plus fidèle de nos auxiliaires : c'est en retournant à Oran que Mustapha-ben-Ismaël, chef des Douairs et des Smélas, tomba dans une embuscade et fut assassiné.

Nous avons trouvé dans la correspondance du gouverneur général une pièce des plus importantes, c'est la lettre adressée par lui au duc d'Aumale, pour le féliciter de son succès. Le vieux soldat ne marchande point l'éloge à son jeune lieutenant. Toutefois, après lui avoir exprimé sa haute satisfaction, il l'engage à ne revenir à Alger qu'après avoir terminé la campagne.

Voici, en partie, ce que Bugeaud écrivit au duc d'Aumale à cette occasion :

Bivouac de l'Oued-Bou-Bara, le 23 mai 1843, moitié chemin de Tenès à El-Esnam (Orléansville).

« Mon Prince,

» Je reçois votre rapport du 20 mai.

» L'allégresse était déjà grande, car nous avions reçu dans la journée une très bonne nouvelle de M. le général Changarnier; mais bientôt votre rapport, répandu dans le camp, y a produit des transports que je n'essaierai pas de vous décrire. On n'était pas seulement enivré de vos succès, pour l'influence qu'ils doivent avoir sur les destinées du grand œuvre que nous poursuivons, mais encore parce qu'ils étaient obtenus par le fils du roi, que l'armée chérissait déjà, et qu'elle honore aujourd'hui.

» Il y a trois jours que j'écrivais, ou dans une lettre au Ministre, ou dans un article qui doit être inséré au *Moniteur Algérien* du 25, que la poursuite de la Smalah, quelles que fussent les dispositions prises, quelle que fût l'intelligence du prince chargé de cette mission, il fallait encore une faveur de la fortune, pour saisir cette agrégation si bien avertie, si mobile, si bien défendue. Eh bien, la fortune n'y a été presque pour rien.

» Vous devez la victoire à votre résolution, à la détermination de vos sous-ordres, à l'impétuosité de l'attaque. Oui, vous avez bien fait de ne pas attendre l'infanterie; il fallait brusquer l'affaire comme vous l'avez fait. Cette occasion presque inespérée, il fallait la saisir aux cheveux. Votre audace devait frapper de terreur cette multitude désordonnée. Si vous aviez hésité, les guerriers se seraient réunis pour protéger les familles; un certain ensemble eût été mis dans leur défense, et le succès, à supposer que vous l'eussiez obtenu, vous eût coûté fort cher. La décision, l'impétuosité d'à-propos, voilà ce qui constitue le vrai guerrier. »

Un document peu connu, le rapport du duc d'Aumale au général Changarnier, daté du 23 mai, fait modestement, mais nettement ressortir l'héroïsme de cette action que le pinceau d'Horace Vernet a rendue populaire :

« Mon Général, nous n'espérions plus rencontrer l'ennemi de cette journée, lorsque, vers onze heures, l'agha des Ouled-Ayad, envoyé en avant pour reconnaître l'émir, revint au galop me prévenir que la Smalah tout entière, environ trois cents douars, était établie sur la source même du Taguin. Nous en étions tout au plus à mille mètres; c'est à peine si elle s'était déjà aperçue de notre approche. Il n'y avait pas à hésiter. Les zouaves, que le lieutenant-colonel Chasseloup amenait rapidement, avec l'ambulance du docteur Beuret et l'artillerie du capitaine Aubac, ne pouvaient pas, malgré toute leur énergie, arriver avant deux heures, et, une demi-heure de plus, les femmes et les troupeaux étaient hors de notre portée; les nombreux combattants de cette ville de tentes auraient eu le temps de se rallier et de s'entendre; le succès devenait improbable et notre situation très critique. Aussi, malgré les prières des Arabes, qui, frappés de notre petit nombre et de la grande quantité de nos ennemis, me suppliaient d'attendre l'infanterie, je me décidai à attaquer immédiatement.

» La cavalerie se déploie et s'élance à la charge avec cette impétuosité qui est le trait distinctif de notre caractère national, et qui ne permet pas un instant de douter du succès. A gauche, les spahis, entraînés par leurs braves officiers, attaquent le douar d'Abd-el-Kader, et culbutent l'infanterie régulière qui se défend avec le courage du désespoir. Sur la droite, les chasseurs traversent toutes les tentes, sous une vive fusillade, renversent tout ce qu'ils rencontrent et vont arrêter la tête des fuyards, que de braves et nombreux cavaliers cherchent à dégager.

» Ici, mon Général, ma tâche devient plus difficile : il faudrait vous raconter mille épisodes brillants de ce combat individuel qui dura plus d'une heure. Officiers et soldats rivalisèrent d'audace... »

L'officier, qui, à vingt-trois ans, avait ces dons militaires, était bien de la race de Henri IV.

Le duc d'Aumale les conduit lui-même à l'assaut... (page 45)

V. — Souvenirs des guerres d'Afrique

Le duc d'Aumale, lieutenant-général. — Le commandant de la province de Constantine. — Les Caïds. — En route. — L'attaque. — La légion étrangère. — Le récit d'un combat. — La bravoure. — Le capitaine Espinasse. — Un douar.

La prise de la Smalah avait valu au prince le titre de lieutenant-général. Un peu plus tard, le duc d'Aumale avait été nommé au commandement de la province de Constantine; disons rapidement les faits par lesquels il illustra ses étoiles de général de division.

Chacun sait que, jusqu'ici, cette province avait été la plus facile à administrer; depuis 1837, époque de l'occupation de la ville, nous n'avions trouvé nulle part de résistance bien sérieuse; les lieutenants d'Abd-el-Kader, qui avaient paru dans le pays, en avaient été promptement chassés, même par les Kabyles, et l'ex-bey Achmed était dans l'impuissance de rien tenter directement contre nous. On était donc en droit de s'étonner du système de rigueur appliqué par le général Négrier pendant la période de son commandement. Un fait surtout excitait le blâme général contre le commandant de la province; c'était, qu'après s'être montré justement sévère à l'égard de l'ancien Akhem de Constantine, il se fût pris pour son successeur, qui ne valait guère mieux, d'une amitié telle qu'il ne faisait rien que par lui. C'est à cette fatale influence qu'on attribuait les nombreuses exécutions qui marquèrent cette époque; le caïd Ali satisfaisait ses instincts sanguinaires en s'abritant derrière la responsabilité du général. Le prince, avec un tact et une prudence au-dessus de son âge, s'appliqua à changer cet état de choses. Tout en ménageant le caïd Ali, dont le dévouement à notre cause était éprouvé depuis longtemps, il mit peu à peu un frein à ses mauvais penchants et réglementa son pouvoir, de manière à laisser à nos bureaux arabes une plus grande part d'action. L'on vit disparaître la violence et les exactions qui désolaient cette belle province. Son administration étant réglée sur ces bases, le prince put songer aux choses de la guerre et au rétablissement de notre autorité partout où elle était méconnue.

Pendant que le 1er régiment de la légion étrangère s'honorait par sa belle conduite dans l'ouest de nos possessions africaines, le 2e prenait une part brillante aux opérations que le général duc d'Aumale, commandant supérieur de la province de Constantine, dirigeait dans le Mzab, contre un kalifat d'Abd-el-Kader, nommé El-Séghir, et contre les Ouled-Sultan, que celui-ci avait entraînés à s'insurger contre nous. Le prince se porta contre El-Séghir, avec 2.400 hommes d'infanterie, 600 chevaux et 3 pièces de montagne. L'ennemi céda d'abord devant nous; mais c'était pour nous livrer un combat des plus sérieux à Méchoumèche, village perché dans une position formidable, au milieu des rochers et de bois touffus, offrant une suite de retranchements naturels, qui étaient occupés par les Kabyles et des réguliers. L'attaque commença par le village, que le 2e de ligne et la légion étrangère enlevèrent à la baïonnette. Les Arabes se replièrent sur une sorte de fort, d'où les délogea l'artillerie, commandée par le capitaine duc de Montpensier. De là, ils se réfugièrent sur un grand rocher à pic, paraissant inexpugnable. La légion, ayant tenté d'enlever cette position, fut repoussée; le 2e de ligne accourut pour soutenir la légion, et les efforts des deux troupes réunies échouèrent contre ce rocher. Les Arabes poussaient des cris de victoire, et le découragement gagnait jusqu'aux plus braves de nos soldats. C'est alors que le duc d'Aumale, prenant une résolution digne des héros de sa race, réunit les compagnies dispersées et les conduit lui-même à l'assaut, suivi de son frère et de son état-major. Derrière le prince il n'y a que trente hommes, et sur ces trente hommes, dix officiers. Tant de bravoure relève le moral de nos soldats et frappe de stupeur les Arabes, qu'elle force à se jeter à travers les précipices pour fuir ensuite dans toutes les directions.

Sur le piton, on s'empresse autour des princes, et l'on se rend compte seulement alors de la hardiesse de cette attaque. Le duc d'Aumale embrasse son jeune frère à travers le sang dont son visage est inondé et qui coule d'une blessure reçue à l'œil. Le colonel Janin, aide de camp du duc d'Aumale, est tombé à mi-côte, frappé d'une balle à la hanche. Nos pertes furent sensibles, surtout dans la légion étrangère, qui supporta les principaux efforts de l'ennemi. Parmi les blessés de la légion, se trouvait le capitaine Espinasse, dont nous avons tous connu la brillante carrière et la mort glorieuse à Magenta. Il avait soutenu, avec sa seule compagnie, les attaques vingt fois renouvelées de plus de 500 Kabyles. Le prince, témoin de sa bravoure, le prit en affection, le fit décorer, et, les circonstances aidant, nous l'eûmes, en 1847, pour chef de bataillon aux zouaves. Détails à noter : dans cette journée du commencement de mars 1843, les troupes du duc d'Aumale combattirent de l'aube jusqu'à dix heures du soir, sans pouvoir prendre de nourriture.

L'accueil qu'il reçut fut tel... (page 47)

VI. — LE MARIAGE DU DUC D'AUMALE

A Naples. — Dans la chapelle du palais royal. — Le roi Ferdinand II. — La princesse Caroline. — Un jour de fête. — Une chasse au sanglier. — Un bal à l'ambassade de France. — La duchesse d'Aumale.

Un des rêves de la reine Marie-Amélie avait été de marier ses enfants à des membres de cette maison des Bourbons de Naples dont elle était issue. Deux ou trois projets caressés par la reine dans cet ordre d'idées, avaient échoué par suite de circonstances imprévues; il était donné au duc d'Aumale de réaliser le vœu ardent de son auguste mère.

C'était en 1843; le jeune prince, irrésistiblement attiré vers cette Italie dont, plus que tout autre, il allait sentir et comprendre les beautés, résolut de se rendre à Naples, auprès de son cousin germain le roi Ferdinand II. A Turin, il fut reçu de la façon la plus cordiale par Charles-Albert, qui, appréciant grandement les talents militaires du jeune prince, avait ordonné que des manœuvres eussent lieu en son honneur. A Savone, même accueil de sa tante la reine Christine. A Rome, le pape lui accorda plusieurs audiences et se sépara de lui en lui offrant une précieuse mosaïque. C'est dans ces conditions qu'il arriva à Naples, où le roi Ferdinand II mit à sa disposition le palais de Chiatamonte.

Le duc d'Aumale n'eut qu'à paraître pour plaire. Sa bonne grâce, son esprit, son enjouement, son tact, firent merveille à la Cour.

Ce fut une séduction. Parmi les princesses, une surtout demeura sous le charme du jeune conquérant : sa cousine, la fille du prince et de la princesse de Salerne, la princesse Marie-Caroline-Augusta des Deux-Siciles. Elle avait particulièrement plu au duc d'Aumale, par sa grâce et ses hautes qualités morales. Il désira ardemment son union avec elle, sans se douter que c'était également le vœu de la famille royale. Or, l'accueil qu'il reçut fut tel qu'au bout d'une semaine, il comprit qu'il n'avait plus qu'à faire sa demande en mariage. Si le bonheur est vraiment de ce monde, le duc d'Aumale connut là le bonheur.

Mais le mariage ne devait avoir lieu que l'année suivante.

Le duc d'Aumale voulait gagner de nouveaux galons avant de conduire sa jeune fiancée à l'autel. Et il se rendit en Algérie, où il fit de nouvelles prouesses.

Aux derniers mois de l'année suivante, il quitta Constantine pour aller embrasser le roi et la reine au château d'Eu, et il se dirigea vers Naples pour épouser la jeune princesse des Deux-Siciles. Il était accompagné du prince de Joinville et d'une suite, où l'on remarquait M. Cuvillier-Fleury, la comtesse de Saint-Mauris et la comtesse de Coiffier d'Effiat, nommées l'une dame de compagnie et l'autre, lectrice de la future duchesse d'Aumale. M. le baron Imbert de Saint-Amand, l'historien, à la documentation si précise et si riche, qui a raconté les joies et les tristesses de la famille royale avec tant d'éloquence, et à qui nous devons ces intéressants détails, nous a fait suivre presque jour par jour les manifestations de sympathie et les réjouissances auxquelles le mariage du duc d'Aumale donna lieu.

Le soir de l'arrivée des deux jeunes princes français à Naples, à bord du *Gomer* et du *Labrador*, le roi Ferdinand, averti au théâtre San-Carlo de leur arrivée, quitta le spectacle et se rendit au palais de Chiatamonte pour recevoir ses hôtes.

A quelques jours de là, le mariage du duc d'Aumale était célébré dans la chapelle du palais royal, au milieu de la joie universelle. Les témoins du duc d'Aumale étaient le duc de Montebello, le général Durosnel et l'amiral Parseval-Deschesnes.

Au moment où l'archevêque de Leucosia donnait la bénédiction nuptiale, tous les vaisseaux en rade de Naples, et notamment les vaisseaux anglais envoyés de Malte par l'amiral sir Robert Owen, joignirent leurs salves d'artillerie aux saluts de l'escadre française. Le soir, la ville fut illuminée. Le théâtre de San-Carlo donna une représentation de gala. Deux jours après, le roi et la famille royale étaient reçus à déjeuner à bord du *Gomer* par le prince de Joinville et le duc et la duchesse d'Aumale. Le soir, il y eut au palais royal un grand bal, ouvert par le roi avec la duchesse d'Aumale, par le prince de Joinville avec la reine, par le duc d'Aumale avec la princesse Caroline.

Le surlendemain, il y eut chasse au sanglier à Caserte et, le soir, bal offert au duc et à la duchesse d'Aumale par la noblesse napolitaine. Le lendemain, le duc de Montebello donnait un grand bal à l'ambassade de France. Deux jours après, le duc et la duchesse d'Aumale et le prince de Joinville faisaient leurs adieux au roi, à la famille royale et à la société de Naples, et s'embarquaient à bord du *Gomer*, en route pour la France.

Les fêtes allaient se poursuivre en France, Marseille se pavoisa et prépara des illuminations, pour recevoir le jeune couple princier. Ce ne furent qu'arcs de triomphe, décorations de toute sorte aux couleurs françaises et napolitaines, guirlandes et bouquets...

« La duchesse d'Aumale était une âme saine, un cœur droit,

Prise de la Smalah, d'après le tableau d'Horace Vernet, au musée de Versailles.

un esprit sensé et cultivé; le duc d'Aumale était son guide; elle croyait par les yeux du prince. Elle épousait ses idées, ses amitiés, sa passion de gloire militaire, ses goûts et ses sentiments si énergiquement français...

» La duchesse, qui s'associa en France, en Afrique, en Angleterre, avec une tendresse infinie, aux travaux, aux épreuves, à l'exil de son mari, est décédée à Twikenham, le 6 décembre 1869, à l'âge de 47 ans. »

Son corps, ramené en France, repose aujourd'hui à Dreux, dans le tombeau de la famille.

Du mariage du duc d'Aumale avec Marie-Caroline-Augusta de Bourbon étaient nés :

Le prince de Condé, né à Saint-Cloud, le 15 novembre 1845, et décédé à Sydney (Australie), le 24 mai 1866;

Le duc de Guise, né à Twikenham le 5 janvier 1854, décédé à Chantilly le 25 juillet 1872.

Les corps de ces deux princes, ramenés en France, reposent aussi à Dreux, dans le tombeau de la famille.

Abd-el-Kader.

VII. — Le général d'Aumale et Abd-el-Kader

La retraite du maréchal Bugeaud. — 2 juin 1847. — Le général Bedeau. — Le duc d'Aumale gouverneur de l'Algérie. — La bonne nouvelle. — Un redoutable adversaire. — Abd-el-Kader. — Le lieutenant-général Bugeaud, négociateur. — Une lettre au comte Molé. — Avec l'Emir. — Une conversation. — Les idées d'Abd-el-Kader. Une correspondance. — Un Jugurtha insaisissable.

En 1847, le maréchal Bugeaud donne sa démission en face de l'accueil hostile fait par la Chambre à ses projets. Le vaillant soldat s'exprimait ainsi vis-à-vis des grands concessionnaires auxquels on eût voulu remettre la colonie péniblement conquise par nos armes !

« .... Je prendrais mon parti de l'injustice ; mais je ne veux pas me faire le serviteur de la folie. Je ne veux pas immobiliser successivement toute l'armée, en la mettant en faction pour garder infructueusement les barons en gants jaunes, mais sans casque, sans cuirasse et sans lance, qui veulent se partager le sol de l'Algérie. »

Le duc d'Isly rentra définitivement en France dans les premiers jours de juin 1847. Le général Bedeau fut nommé à sa place en qualité d'intérimaire. Pour remplacer le maréchal, quel nom à mettre en avant, autre que celui du général duc d'Aumale?

Le roi annonça ainsi sa décision aux Chambres : « Le chef illustre, qui a longtemps et glorieusement commandé en Algérie, a désiré se reposer de ses travaux. J'ai confié à mon bien-aimé fils, le duc d'Aumale, la grande et difficile tâche de gouverner cette terre française. Je me plais à penser que, sous la direction de mon gouvernement, et grâce au courage laborieux de la généreuse armée, qui entoure sa vigilance et son dévouement, il assurera la tranquillité, la bonne administration et la prospérité de notre établissement. »

Sans se préoccuper des criailleries d'une opposition envieuse, le duc d'Aumale rédigea un ordre du jour, qu'il adressa aux Arabes et où, entre autres choses, il disait :

« Remerciez Dieu de ce qu'il vous a donné les richesses et les jouissances de la paix, en échange des maux inséparables de la guerre.

» C'est pour vous donner un gage encore plus éclatant de ses bonnes intentions à votre égard, que le roi des Français m'a envoyé au milieu de vous comme son représentant sur cette terre, qu'il aime à l'égal de la France.

» J'ai déjà vécu parmi vous : je connais vos lois, vos usages, et tous mes actes tendront à augmenter votre prospérité et celle du pays. »

Quand il arriva dans Alger, le 5 octobre, à bord de la frégate *Labrador*, la population l'acclama frénétiquement. En effet, le duc d'Aumale apportait la bonne nouvelle aux indigènes : bon nombre d'entre eux, retenus en France pour des motifs différents, allaient être relâchés.

Dans ces guerres d'Afrique, l'adversaire le plus redoutable de la France fut Abd-el-Kader, le puissant émir contre lequel durant plusieurs années furent obligés de combattre nos meilleurs chefs et nos vaillants soldats. Afin de faire bien connaître cette physionomie, remontons de quelques années en arrière, pour assister à une entrevue de Bugeaud et de l'Emir.

Le 2 avril 1837, comme récompense d'une courte mais brillante campagne, le général de brigade (maréchal de camp), Bugeaud, fut nommé lieutenant-général (grade correspondant à celui de général de division), et choisi comme négociateur auprès de l'Emir, avec lequel il conclut le *Traité de la Tafna*.

Bugeaud avait grande envie de connaître le célèbre musulman, le chef arabe, qui, depuis sept ans, osait tenir tête aux soldats de la France. Lorsque la signature de l'Emir fut apposée sur le traité, le général fit proposer une entrevue à l'Emir dans un lieu désigné entre les deux camps ennemis.

Abd-el-Kader accepta. Voici les détails curieux de cette entrevue mémorable, racontés par le général Bugeaud lui-même, dans une lettre confidentielle qu'il avait adressée au ministre des Affaires étrangères, le comte Molé :

« A Monsieur le comte Molé, ministre des Affaires étrangères.

» Du camp de la Tafna, le 2 juin 1837.

» Monsieur le Comte,

» Depuis que je vous ai adressé par l'Espagne le traité que je croyais avoir conclu avec Abd-el-Kader et l'exposé des motifs qui m'avaient déterminé, j'ai éprouvé mille contrariétés, et plusieurs fois j'ai cru que je serais obligé de vous envoyer un bulletin de guerre, au lieu du traité original que je vous avais annoncé avec trop de précipitation, en vue de ne pas perdre de temps.

» Je ne crois pas qu'il y ait au monde rien de plus difficile que de traiter avec les Arabes. Il est bien plus aisé de les vaincre en un jour d'action. Tous les articles ont été de nouveau discutés avec une ténacité vraiment arabe; de mon côté, je me suis raidi et je n'ai cédé que sur le point religieux; en y tenant, c'était tout rompre. J'ai obtenu en compensation un gros tribut une fois payé, et Mostaganem que j'avais d'abord cédé. Enfin, après nombre d'allées et venues, du camp d'Abd-el-Kader au mien et du mien à celui d'Abd-el-Kader, le traité m'a été apporté revêtu de la signature de l'Emir, ou plutôt de son cachet, parce qu'un Arabe ne signe jamais.

» Je lui ai proposé une entrevue pour le lendemain, à trois lieues de mon camp et six ou sept du sien. Il l'a acceptée, et à neuf heures j'étais sur le terrain avec six bataillons, mon artillerie et ma cavalerie. Je suis resté là jusqu'à deux heures après midi sans entendre parler de l'Emir. Enfin, quelques chefs arabes, avec lesquels nous avions eu des relations les jours précédents, sont venus successivement nous apporter des paroles dilatoires : l'Emir avait été malade et n'était parti de son camp que fort tard, disait l'un; un autre ajoutait que, probablement, l'Emir allait me demander de remettre l'entrevue au lendemain, mais que cependant il s'approchait; un troisième arriva et nous dit :

— Il est là tout près, mais il est arrêté.

» Un quatrième nous dit qu'il allait bientôt venir et que je pouvais m'avancer un peu; il était alors cinq heures du soir.

» Voulant ramener mes troupes au camp et définitivement en terminer, je me décidai à me porter en avant avec mon état-major. J'étais dans une gorge entrecoupée de collines; je marchai pendant plus d'une heure sans rien voir; enfin, j'aperçus au fond de la vallée l'armée de l'Emir, qui s'établissait sur des mamelons, de manière à se mettre bien en évidence. Dans ce moment, le chef de la tribu des Oulasias, Bou-Hamedy, vint au-devant de moi, et me dit :

» L'Emir s'avance vers ce coteau ; venez, je vais vous conduire près de lui.

» J'étais alors au milieu des postes avancés de l'ennemi : reculer eût été montrer de la timidité et peut-être déranger toutes les affaires ; je le suivis donc, après lui avoir dit :

» Je trouve insolent de la part de ton chef de me faire attendre si longtemps.

» Ce kabyle, croyant que j'hésitais, me dit :

— Soyez tranquille, n'ayez pas peur.

— Je n'ai peur de rien, lui dis-je, et je suis accoutumé à vous voir; mais je trouve indécent de la part de ton chef de me faire venir si loin.

— Il est là, vous allez le voir tout à l'heure.

» Cependant nous marchâmes encore longtemps sans le rencontrer.

» Quelques appréhensions se manifestèrent alors dans mon état-major; un officier supérieur s'écria que nous étions bien assez loin.

— Il n'est plus temps, répondis-je, de donner des conseils; il ne faut pas montrer de faiblesse devant ces barbares.

» Et je poussai en avant. Enfin, j'aperçus l'escorte de l'Emir s'avançant vers moi : l'aspect en était vraiment imposant; c'étaient 150 à 200 chefs marabouts d'un physique remarquable, que leur lenteur relevait encore. Ils étaient montés sur des chevaux magnifiques qu'ils faisaient piaffer et qu'ils enlevaient avec beaucoup d'élégance et d'habileté.

» Abd-el-Kader était à quelques pas en avant, monté sur un beau cheval noir, qu'il maniait avec une grande dextérité. Tantôt il l'enlevait des quatre pieds à la fois, tantôt il le faisait marcher sur les deux pieds de derrière, plusieurs Arabes de sa maison tenaient les étriers, les pans de son burnous, et, je crois, la queue de son cheval. Pour éviter les lenteurs du cérémonial et lui montrer que je n'avais aucune appréhension, j'arrivai sur lui au galop, et, après lui avoir demandé si c'était lui Abd-el-Kader, je lui offris cavalièrement la main qu'il prit et serra par deux fois. Il me demanda alors comment je me portais : je lui rendis le compliment, et, pour abréger le temps que les Arabes mettent ordinairement dans ces préliminaires, je l'invitai à mettre pied à terre pour causer plus commodément. Il mit pied à terre et s'assit sans m'engager à m'asseoir. Je m'assis près de lui. La musique, toute composée de hautbois criards, se mit à jouer de manière à empêcher la conversation; je lui fis signe de se taire, et elle se tut.

» Avant d'entrer en conversation, je considérai un instant sa physionomie et son costume, qui ne présentait aucune différence avec celui des Arabes les plus vulgaires. Il est pâle et ressemble assez au portrait qu'on a souvent donné de Jésus-Christ. Ses yeux et sa barbe sont châtain foncé, son cerveau est bien développé, la bouche est grande, ses dents sont mal rangées et blanches. Excepté au premier abord, il tient toujours ses yeux baissés et ne regarde jamais; tous ses vêtements étaient sales, grossiers et aux trois quarts usés; on voit qu'il affecte le rigorisme de la simplicité.

— Il y a peu de généraux, lui dis-je, qui eussent osé faire le traité que j'ai conclu avec toi, car il est contraire en partie aux instructions de mon roi (ils ne comprennent pas ce que c'est que le gouvernement). On croyait que tu serais suffisamment puissant sans sortir de la province d'Oran; je n'ai pas redouté de t'agrandir davantage, parce que j'ai confiance que tu ne feras usage de la puissance que le traité te donne que pour améliorer l'existence de la nation arabe, et la maintenir en paix et en commerce avec la France.

— Je te remercie de tes bons sentiments pour moi; si Dieu le veut, a-t-il répondu, je ferai le bonheur des Arabes, et si la paix est jamais rompue, il n'y aura pas de ma faute.

— Sur ce point, je me suis porté ta caution auprès du roi des Français.

— Tu ne risques rien à le faire; nous avons une religion et des mœurs qui nous obligent à tenir notre parole; je la tiendrai mieux que les Français; je n'y ai jamais manqué.

— Je compte là-dessus, et c'est à ce titre que je t'offre mon amitié particulière. Les Français ne se laissent conduire par personne, et ce ne sera pas quelques faits particuliers commis par des individus qui pourraient rompre la paix; ce serait l'inexécution du traité ou un grand acte d'hostilité. Quant aux faits coupables des particuliers, nous nous en préviendrons et nous les punirons réciproquement.

— C'est très bien, tu n'auras qu'à me prévenir, et les coupables seront punis. Je te recommande les Coulouglis qui resteront à Tlemcen.

— Tu peux être tranquille, ils seront traités comme des alliés fidèles. Mais, tu m'as promis de mettre les Douairs dans le pays des Hafra (une partie des montagnes entre la mer et le lac de Zegba).

— Le pays des Hafra ne serait peut-être pas suffisant, mais ils seront placés de manière à ne pouvoir nuire à la paix.

— A la bonne heure! (Moment de silence).

— As-tu ordonné, repris-je, de rétablir les relations commerciales à Alger et autour de toutes nos villes?

— Non, mais je le ferai dès que tu m'auras rendu Tlemcen.

— Tu sais que je ne puis le rendre que quand le traité aura été approuvé par mon roi.

— Tu n'as donc pas le pouvoir de traiter?

— Si, mais il faut que le traité soit approuvé : c'est nécessaire pour la garantie, car si le traité était fait par moi tout seul, un autre général qui me remplacerait pourrait le défaire, au lieu qu'étant approuvé par le roi, mon successeur sera obligé de le maintenir.

— Si tu ne me rends pas Tlemcen, comme tu me le promets dans le traité, je ne vois pas la nécessité de faire la paix; ce ne sera qu'une trêve.

— Cela est vrai, cela peut n'être qu'une trêve. Mais à cette trêve, c'est toi qui gagnes, car, pendant le temps qu'elle durera, je ne détruirai pas les moissons.

— Tu peux les détruire, cela nous importe peu, et, à présent que nous avons fait la paix, je te donnerai par écrit l'autorisation de détruire tout ce que tu pourras. Tu ne peux en détruire qu'une bien petite partie, et les Arabes ne manquent pas de grains.

— Je crois que les Arabes ne pensent pas comme toi, car je vois qu'ils sont bien désireux de la paix, et quelques-uns m'ont remercié d'avoir ménagé les moissons depuis la Siékack jusqu'ici, comme je l'avais promis à Hamadis-Sacal.

» Ici, il a souri d'un air dédaigneux, ce qui voulait dire qu'il se souciait fort peu de la perte des récoltes; et, changeant de conversation, il m'a dit :

— Combien faut-il de temps pour avoir l'approbation du roi de France?

— Il faut trois semaines.

— C'est bien long.

— Mais, qu'est-ce que tu risques dans le retard? C'est moi qui y perds.

» Dans ce moment, son khalifa Bénarach, qui s'était approché, a pris la parole et a dit :

— C'est trop long, trois semaines; il ne faut pas attendre plus de dix à quinze jours.

— Est-ce que tu commandes à la mer? ai-je répondu.

— Eh bien, dans ce cas, reprit Abd-el-Kader, nous ne rétablirons les relations commerciales qu'après que l'approbation sera arrivée et lorsque la paix sera définitive.

— C'est à tes coreligionnaires que tu feras le plus de tort, car nous recevons par la mer tout ce qui nous est nécessaire, et tu les priveras de commerce.

» Je n'ai pas cru devoir insister davantage, et je lui ai demandé si un détachement, laissé à Tlemcen avec quelques bagages, pourrait en sûreté venir me rejoindre à Oran, où je comptais être rendu le 8 ou le 9. Il m'a répondu qu'il pourrait s'y rendre en toute sûreté. Là-dessus, je me suis levé; mais lui restait assis : j'ai cru reconnaître l'intention de me laisser debout devant lui; je lui ai dit qu'il était convenable qu'il se levât quand je me levais moi-même; et là-dessus je lui ai pris la main en souriant, et je l'ai enlevé de terre. Il a souri et n'a pas paru formalisé de cette liberté grande aux yeux des Arabes. Sa main, qui est jolie, m'a paru faible; je sentais que je l'aurais brisée dans la mienne.

» La faiblesse physique prouve chez les Arabes encore plus que chez nous (car les peuples moins civilisés apprécient davantage la force corporelle) combien la force morale est supérieure à la force physique. — Nous nous sommes dit adieu réciproquement, et nous sommes montés à cheval. Il a été reconduit vers son armée avec le même cérémonial qui l'avait amené. Quand les Arabes qui, pendant toute l'entrevue, avaient gardé un religieux silence, ont vu la séparation, ils ont fait éclater des cris de joie qui ont retenti majestueusement sur toutes les collines. Dans ce moment, un coup de tonnerre longtemps prolongé, est venu ajouter au caractère grandiose de la scène. Mon cortège a été saisi d'un frémissement, et tous se sont écriés à la fois :

— C'est beau! c'est imposant! c'est admirable! Nous ne l'oublierons de notre vie.

» Je me suis arrêté un moment sur le terrain de la conférence, je tâchais d'énumérer l'armée qui était devant moi. Je crois être modéré en la portant à 10.000 chevaux. Elle était massée en grande profondeur sur une ligne de plus d'une demi-lieue, sur quelques mamelons en forme de pain de sucre; les cavaliers étaient serrés depuis la base jusqu'au sommet.

— Heureusement, dis-je aux officiers qui m'entouraient, le nombre de cette multitude ne fait rien à l'affaire; il n'y a que des individualités, il n'y a pas de force d'ensemble. Les six bataillons, qui sont derrière nous, se promèneraient au milieu de tout cela et auraient bientôt dissous cette espèce d'ordre qui a été si péniblement établi et qui est sans doute l'une des causes qui ont retardé l'arrivée de l'Emir. Les officiers ont été de mon avis.

» Pendant que se passait la scène que je viens de vous raconter, ma petite armée était dans l'anxiété. On me trouvait fort imprudent d'avoir osé me mettre ainsi aux mains de ces barbares, et l'on délibérait si l'on ne ferait pas bien de marcher pour se rapprocher de moi et me soutenir en cas d'évènement. Mais le plus grand nombre furent d'avis que ce serait me compromettre et que, si l'ennemi avait de mauvaises intentions, il était trop tard pour me sauver.

» En effet, j'étais à plus d'une lieue, et avec mon entourage de trente-six personnes, parmi lesquelles se trouvaient l'intendant, deux chirurgiens, deux officiers napolitains, M. de Dinaizaine, officier danois, troupe fort honorable, mais peu redoutable pour le combat, il n'y avait pas de résistance possible; c'était une affaire de confiance.

» Voilà, Monsieur le Ministre, une relation un peu dramatique, dont vous pouvez faire, si vous voulez, un article de journal. J'ai été historien fidèle; vous n'avez qu'à livrer les faits à un bon peintre. Je ne doute pas que plusieurs relations de cette scène vraiment pittoresque ne soient adressées aux journaux par quelques-uns des assistants.

» Agréez, etc. » Signé : BUGEAUD. »

Bugeaud partit ensuite pour aller à Mostaganem.

C'est en 1847 qu'Abd-el-Kader se rendait au duc d'Aumale.

« Le dénouement, si longtemps attendu, vient de s'accomplir, disait le *Moniteur Algérien* du 23 décembre.

» Abd-el-Kader s'est rendu au camp français. Il a été présenté le même jour par M. le lieutenant général de Lamoricière à S. A. R. le Gouverneur général.

Par une grande délicatesse, le duc d'Aumale écrit de suite à son ancien chef pour lui faire part de la bonne nouvelle.

Il n'oublie pas que le nom du maréchal est là-bas dans toutes les bouches françaises et algériennes, et qu'il est pour beaucoup dans ces glorieux résultats.

« Alger, le 2 janvier 1848.

» Mon cher Maréchal,

» Les événements du Maroc et la vie politique d'Abd-el-Kader ont eu le dénouement que vous prévoyiez dans votre dernière lettre et que je n'avais pas osé espérer. Lorsque ce grand fait s'est accompli, votre nom a été dans tous les cœurs. Chacun s'est rappelé avec reconnaissance que c'est vous qui aviez mis fin à la lutte, que c'est l'excellente direction que vous aviez donnée à la guerre et à toutes les affaires de l'Algérie qui a amené la ruine morale et matérielle d'Abd-el-Kader. Qu'il soit permis à un de vos anciens et modestes lieutenants de vous offrir, à l'occasion du renouvellement de l'année, ses vœux personnels et ceux de toute l'armée que vous avez brillamment commandée pendant sept ans.

» Nous attendons avec confiance le résultat des discussions qui s'engageront dans le Parlement à propos des affaires de l'Algérie. Je me réjouis de savoir que vous y prendrez part, et je ne doute pas que vous ne jetiez une grande lumière sur la situation et sur les besoins d'un pays si peu connu.

» Agréez, mon cher Maréchal, les sentiments de ma haute estime et de sincère amitié avec lesquels je suis,

» Votre affectionné,

» H. d'Orléans. »

Le maréchal Bugeaud lui répondit quelques jours après par cette belle lettre :

« Paris, le 15 janvier 1848.

» Mon Prince,

» J'étais certain d'avance que vous pensiez ce que vous m'écrivez sur la chute d'Abd-el-Kader. Vous avez l'esprit trop juste pour ne pas apprécier les véritables causes de cet évènement et l'âme trop élevée pour ne pas rendre justice à chacun. Comme tous les hommes capables de faire les grandes choses, vous ne voulez que votre juste part de gloire, et au besoin vous en céderiez un peu aux autres. Dans cette circonstance, mon Prince, vous m'avez beaucoup honoré, mais vous vous êtes honoré bien davantage. Si votre lettre pouvait être publiée, elle doublerait l'estime, déjà si grande, que vous portent le pays et l'armée. Ne pouvant la publier, je la fais lire autant que je le puis, et plusieurs personnes en ont pris copie, des ministres notamment; tous ont admiré comme moi le noble sentiment qui l'a dictée. Je crains qu'on ne veuille trop réduire l'armée; ce serait une imprudence militaire et politique; ce serait aussi contraire à l'économie publique et à la prompte utilisation de la conquête. La fin de l'Emir n'est pas une garantie complète de tranquillité; les Arabes restent, et, quoique affaiblis, leurs révoltes sont encore à redouter; ils ne subiront pas, sans de fréquentes résistances, la révolution cruelle que nous leur apportons, et il se trouvera des hommes pour se mettre au service de leurs mécontentements. Les troupes ne sont pas seulement indispensables pour les contenir, elles le sont encore pour activer les grands travaux publics, et, à ce titre, elles coûtent moins cher qu'en France, puisqu'elles peuvent produire plus qu'elles ne coûtent. Il n'y aurait économie à retirer les troupes d'Afrique qu'autant qu'on les licencierait. Or, dans l'état de fermentation où est l'Europe, je ne crois pas qu'on puisse diminuer l'armée française.

» Agréez, mon Prince, l'assurance de mon respectueux dévouement.

» Maréchal DUC D'ISLY. »

Le plus redoutable adversaire que la France ait rencontré en Algérie, l'homme qui donna tant de mal au maréchal Bugeaud, au duc d'Aumale et à leurs soldats, celui qui, pendant seize ans de luttes héroïques, combattit pour sa foi et pour l'indépendance de sa patrie, Abd-el-Kader-el-Hussein est sans contredit le personnage le plus remarquable qui ait surgi, depuis un siècle, au milieu des pays musulmans.

En 1843, le maréchal Soult disait :

« Il n'y a présentement dans le monde que trois hommes auxquels on puisse accorder légitimement la qualification de grands, et tous trois appartiennent à l'Islamisme, ce sont : Abd-el-Kader, Méhémet-Ali et Schramye.

En France, on connaît peu ou mal la vie de l'Emir notre illustre ennemi.

Lui, le Sultan né sur les palmes,
Le compagnon des lions roux,
Le Hadji farouche aux yeux calmes,
L'Emir pensif, féroce et doux !

« Abd-el-Kader, a dit M. Henri d'Ideville, est né vers la fin de l'année 1806, à la Ghetna de Sidi-Mahiddin, auprès de Mascara, sur le territoire de Hachem, province d'Oran. Doué d'une singulière énergie, d'une éloquence et d'une puissance d'attraction à laquelle il était difficile de résister, il n'eut qu'à paraître sur la scène pour dominer les volontés et subjuguer les cœurs. Il était de petite stature, bien proportionné, et excellait dans tous les exercices du corps. Son regard, perçant et doux, était difficile à supporter.

» Le père d'Abd-el-Kader, le marabout Mahiddin, de la tribu des Hachems, était très vénéré des Arabes, et jouissait, comme marabout, d'une grande réputation de sainteté. Les tribus qui avoisinent Mascara, voulant le reconnaître pour chef suprême en 1832, il refusa cet honneur et offrit à sa place son jeune fils Abd-el-Kader. Celui-ci, qui avait hérité de sa popularité, fut agréé. Le vieux Mahiddin raconta, à cette occasion, qu'étant en pèlerinage à la Mecque, quelques années auparavant, avec son fils aîné et Abd-el-Kader, il rencontra, un jour qu'il se promenait avec le premier, un vieux fakir qui lui donna trois pommes, en lui disant :

— Celle-ci est pour toi ; celle-là est pour ton fils que voilà ; quant à la troisième, elle est pour le sultan.

— Et, quel est ce sultan? demanda Mahiddin.

— C'est celui, reprit le fakir, que tu as laissé à la maison lorsque tu es venu te promener ici.

» Cette légende, à laquelle les partisans d'Abd-el-Kader

croyaient religieusement, contribua à consolider son pouvoir et sa fortune.

» Dès lors, la vie d'Abd-el-Kader s'identifie avec l'histoire de la conquête de l'Algérie. Pendant ces longues années, lui seul tient en échec nos troupes; prophète et guerrier, il prêche tour à tour la guerre sainte et combat pas à pas contre les envahisseurs.

» Nous passons tous les incidents de guerre : la prise de la Smalah (1843) et les nombreuses campagnes, pour arriver au dénouement fatal. Après s'être rendu, le 22 décembre 1847, entre les mains du général de Lamoricière, l'Emir fut conduit auprès du duc d'Aumale, et prononça les paroles suivantes :

« J'aurais voulu faire plus tôt ce que je fais aujourd'hui; j'ai
» attendu l'heure marquée par Dieu; le général m'a donné une
» parole sur laquelle je me suis fié, je ne crains pas qu'elle soit
» violée par le fils d'un grand roi comme celui des Français. »

» Le lendemain, au moment où le prince rentrait d'une revue, l'ex-sultan se présenta à cheval, et, entouré de ses principaux chefs, mit pied à terre à quelques pas du duc d'Aumale.

— Je t'offre, dit-il, ce cheval, le dernier que j'ai monté. C'est un témoignage de ma gratitude et je désire qu'il te porte bonheur.

— Je l'accepte, répondit le prince, au nom de la France, dont la protection te couvrira désormais, comme un signe d'oubli du passé.

» Le 25 décembre 1847, l'Emir, sa famille et quelques serviteurs furent embarqués sur la frégate l'*Asmodée*, qui les conduisit à Toulon. La convention avec le général de Lamoricière, ratifiée par le duc d'Aumale, et suivant laquelle l'Emir devait être conduit à Saint-Jean-d'Acre ou à Alexandrie, allait recevoir son exécution, lorsque la révolution de Février emporta le trône du roi Louis-Philippe. L'Emir comprit qu'un malheur le menaçait.

— Voilà, disait-il au colonel Daumas, attaché à sa personne et interné avec lui au fort Lamargue, voilà un sultan que l'on proclamait puissant, qui avait contracté des alliances avec beaucoup d'autres souverains, qui avait une nombreuse famille, que l'on citait pour son expérience. Trois jours ont suffi pour l'abattre. Et tu ne veux pas que je sois convaincu qu'il n'y a d'autres forces, d'autre vérité que celles de Dieu ! Crois-moi ; la terre n'est qu'une charogne ; des chiens seuls peuvent se la disputer.

» C'est en vain que l'Emir fit remettre aux membres du gouvernement provisoire de la République française une adresse chaleureuse et pressante, pour réclamer cette liberté qui lui avait été promise par les généraux et le fils du roi.

» La République le retint prisonnier, contre la parole du gouvernement royal, à Pau et à Amboise. Le prince président lui rendit la liberté en 1852. Il s'embarqua pour Brousse et Damas. C'est là qu'en 1860 il reconnut noblement les procédés de la France chrétienne, en prenant énergiquement, contre les Druses, la défense des Maronites. Venu en France au moment de l'exposition de 1867, Abd-el-Kader n'a plus quitté depuis la Syrie, où il était entouré du respect et de la vénération de tous les musulmans et de tous les chrétiens. »

Un panégyriste d'Abd-el-Kader a dit avec raison :

« Un mobile plus noble, plus élevé que l'ambition, dirigea sa conduite ; c'était celui qu'il puisait dans sa foi. Ce mobile seul peut expliquer la ténacité surhumaine d'Abd-el-Kader, sa résignation dans l'infortune, son espoir, alors que l'espoir n'était plus permis. Quelque grand qu'on le suppose, l'amour du pouvoir ne sera jamais assez puissant pour faire supporter à un homme des épreuves semblables à celles que l'Emir a subies. Abd-el-Kader n'a donc pas été un ambitieux. Il ne fut pas davantage un fanatique, car le fanatisme est une folie qui exclut le calme de la raison. Sans doute, l'Emir a fait appel aux passions religieuses de son peuple, il les a excitées contre les chrétiens, mais comme sept siècles auparavant Pierre l'Ermite avait excité les passions religieuses des chrétiens contre les Musulmans. »

« Abd-el-Kader a donc soulevé le fanatisme, mais il en a toujours été exempt lui-même ; la meilleure preuve, c'est ce qu'il a fait à Damas.

» Quant à moi, ce que j'admire dans ce personnage, ce n'est

point seulement le guerrier, le saint légendaire, le Jugurtha insaisissable, le chef héroïque, à la parole duquel se levaient cent tribus, et qui brava mille morts. Il existe, selon nous, en lui, un côté plus curieux et plus étrange, qui n'a point été assez relevé : c'est la résignation admirable de ce grand vaincu, c'est sa fidélité inébranlable à la parole, au serment, c'est la foi gardée ! Malgré les occasions propices, malgré les excitations incessantes dont il fut, depuis plus de trente ans, l'objet de la part de ses coreligionnaires, l'Emir s'est refusé à reprendre la lutte contre la France. Dieu n'ayant point permis qu'il fût vainqueur, le musulman a brisé son épée, le fidèle croyant, devant l'arrêt fatal, a courbé la tête et s'est agenouillé. »

Abd-el-Kader est mort à Damas, le 26 mai 1883.

Ce n'est pas vous qui auriez l'idée de faire de pareilles choses ! (page 76)

VIII. — Le duc d'Aumale et le maréchal Bugeaud

Une correspondance entre le duc d'Aumale et le duc d'Isly. — Les Arabes d'Algérie. — La domination de la grande Kabylie. — Une conversation de M. Henri d'Ideville avec le duc d'Aumale. — Le « grand jardinier en chef ».

Nous avons vu qu'après avoir lutté en Afrique pendant six années pour la gloire du drapeau français, le maréchal Bugeaud voulut venir se reposer en France. Parti d'Alger le 5 juin 1847, il s'établit à la Durantie et se refit de nouveau agriculteur.

Voici la lettre que le duc d'Aumale lui écrivit en cette circonstance :

« Villiers, ce 15 juin 1847.

» Mon cher Maréchal,

» Je me suis rendu moi-même au reçu de votre lettre du 1er, chez M. le Ministre de la guerre, pour soutenir auprès de lui les titres de M. le capitaine Ducrot à l'avancement. J'ai raconté au général Trezel le brillant début de la carrière de ce jeune officier, que j'ai eu la bonne chance de rencontrer plusieurs fois sous mes ordres. C'est, je crois, ce que j'avais à dire de mieux en sa faveur; de tels faits sont plus éloquents que tous les éloges.

» Je ne puis négliger cette occasion de vous complimenter sur la glorieuse issue de votre expédition de Bougie. Pourquoi dois-je mêler à ces félicitations l'expression du regret très vif que me cause votre départ d'Afrique? Il ne m'appartient pas d'en discuter les motifs; mais, témoin des obstacles que vous avez surmontés en Algérie et des grands services que vous y avez rendus à la France, je ne puis que joindre ma voix à celle de tant de bons citoyens, qui désiraient vous voir continuer une œuvre si brillamment entreprise.

» J'ai mis sous les yeux du roi tout ce que vous me dites du choix de votre successeur; j'en ai également entretenu M. Guizot; c'est certainement une des questions les plus graves que le gouvernement ait à résoudre.

» Laissez-moi vous remercier de m'en avoir parlé avec autant de confiance, mon cher Maréchal, et recevez la nouvelle assurance du sincère attachement que je vous ai voué depuis longtemps.

» Votre affectionné,

» Henri D'ORLÉANS. »

C'était au duc d'Aumale qu'allait incomber la tâche lourde de succéder, comme gouverneur, à Bugeaud.

Le prince ne se dissimulait point d'ailleurs les difficultés, ainsi qu'il l'écrivait à Bugeaud.

« Villiers, le 3 août 1847.

» Mon cher Maréchal,

» J'attendais toujours pour répondre à votre dernière lettre, dans l'espoir que je pourrais vous annoncer quelques promotions pour l'armée d'Afrique; mais la réalisation de mes vœux, à cet égard, se fait trop attendre pour excuser un plus long retard. Du moins, ai-je l'espoir que mes instances auront peut-être un résultat utile...

» Vous avez raison, il est grandement question de moi pour vous succéder, quoique rien ne soit décidé encore; je n'ai jamais brigué cet honneur, je l'ai au contraire décliné, non par indifférence pour les affaires de France, ni par la crainte d'échanger une vie douce et agréable contre une vie pleine de chances et de labeurs, mais parce que j'ai la conscience des difficultés de l'œuvre et de mon insuffisance à satisfaire l'attente du pays.

» J'ai longtemps espéré que vous consentiriez à reprendre le gouvernement général, et j'ai la conviction qu'aux très grands services, que vous avez déjà rendus, vous pourriez en ajouter de nouveaux, que nul autre peut-être ne pourra rendre. Si tout espoir doit être perdu à cet égard, si aucune autre combinaison ne paraît acceptable au gouvernement du roi, je ne refuserai pas une position éminente où je puis servir activement mon pays. Je ne me fais aucune illusion sur les obstacles qui hérissent la question, sur les attaques dont je serai l'objet, sur les déceptions qui m'attendent; mais j'apporterai à l'accomplissement de mes devoirs une entière abnégation personnelle et un dévouement de tous les instants. Je conserverai précieusement le souvenir de tout ce que je vous ai vu faire d'utile et de grand sur cette terre d'Afrique, et je ferai tous mes efforts pour y suivre vos traces et y continuer votre œuvre.

» Laissez-moi vous remercier ici de ce que vous voulez bien me dire d'aimable dans votre lettre; vous m'avez toujours témoigné une sympathie qui m'est bien précieuse, et vous savez que j'y réponds par la plus haute estime et par un bien sincère attachement.

» Votre affectionné,

» Henri d'Orléans. »

« *P.-S.* — J'espérais pouvoir vous faire, cet automne ou cet hiver, les honneurs de Chantilly et y causer quelquefois avec vous de guerre et d'agriculture. Si j'étais absent de Paris lorsque vous y viendrez, j'espère que vous me rendrez le service d'aller y tirer quelquefois les lièvres qui rongent mes plantations. »

Il faut lire la belle réponse du maréchal. C'est un modèle. On ne saurait trop admirer les idées pour le bien et la gloire de la France qui y dominent :

« La Durantie, le 9 août 1847.

» Mon Prince,

» Votre admirable lettre du 3 août n'appelait aucune réponse de ma part, mais je ne puis résister au désir de vous exprimer une partie des impressions qu'elle a produites sur mon esprit et sur mon cœur. Elle respire le plus grand dévouement au pays et au roi. Vous n'êtes pas séduit par le brillant du commandement; vous en connaissez, dès longtemps, tous les écueils; vous avez prévu la critique et même la calomnie, et cependant vous bravez tout cela pour servir la France et obéir à votre père.

» Cette noble conduite serait une critique de la mienne si je n'avais pas payé mon tribut pendant six ans et demi, et surtout si je n'avais pas eu l'espoir qu'en me retirant, je servirais mieux les intérêts de l'Algérie qu'en restant au poste qui m'avait été confié. Déjà mes prévisions se réalisent, puisqu'on vous destine ma succession. Si je n'ai pas conseillé ce choix, vous en connaissez la seule cause : la crainte de faire peser une responsabilité morale de plus sur la monarchie. Puisque le gouvernement du roi n'en juge pas ainsi, j'en félicite l'Algérie et la France.

» Ce ne sera pas le seul avantage de ma retraite; mes idées sur la colonisation doivent y gagner du crédit. On ne pourra plus douter d'une conviction à laquelle j'aurai sacrifié le plus beau commandement du royaume, et puis je serai à la Chambre pour combattre les idées fausses, les théories creuses des Dufaure, Tocqueville, Beaumont et consorts, qui s'imaginent qu'il suffit de quelques institutions libérales et civiles pour aplanir tous les obstacles. Ah! s'il n'y avait pas d'Arabes en Algérie, ou s'ils ressemblaient à ces peuples efféminés de l'Inde, je me serais bien gardé de conseiller à mon pays de faire, à coups de budget, une base de colonisation avec l'élément militaire. Mais l'existence de cette nation si vigoureuse, si bien préparée pour la guerre, si supérieure en ce point aux masses européennes que nous pourrons introduire dans le pays, nous impose l'obligation absolue d'établir devant elle, à côté d'elle, au milieu d'elle la population la plus vigoureuse possible; et où la trouver telle, si ce n'est dans l'armée?

» Mais laissons cette digression; je crois qu'à cet égard vous partagez mon opinion. Qu'on essaie les entrepreneurs de colonisation, si l'on en trouve; on comprendra bientôt leur impuissance.

» Revenons à votre lettre. Je voudrais qu'il me fût permis de la livrer à la publicité, afin de faire rougir les factieux et les brouillons, qui calomnient si souvent votre noble famille...

» Mais, comment se fait-il qu'on n'ait encore donné aucune suite aux propositions de récompenses que j'ai faites pour l'armée d'Afrique avant de m'en séparer? A quoi faut-il attribuer un pareil retard qui, je vous l'avoue, commence à m'indigner? Jamais, à aucune époque, l'armée d'Afrique n'a mieux mérité que dans la période de 1846 à 1847. Non seulement elle a livré des combats et fait des courses nombreuses et prolongées pour consolider notre domination jusqu'aux confins du Petit-Désert, mais encore elle a fait des travaux immenses, et elle ne les a quittés qu'à la fin de juillet. Toute ou presque toute l'infanterie a bivouaqué pendant tout l'hiver dernier sur ses ateliers, sans qu'on ait entendu un seul murmure. Il me semble que de tels services, une telle conduite, méritaient un peu plus d'empressement. Veut-on que vous apportiez vous mêmes les récompenses? Cela seul pourrait calmer l'irritation que j'éprouve.

» On m'écrit que, dans la prochaine promotion de maréchaux de camp, l'armée d'Afrique n'aura qu'un emploi. Oh! c'est pour le coup que je serais profondément mécontent? A propos des trois dernières promotions, l'armée d'Afrique a été entièrement oubliée dans une, et fort mal partagée dans les deux autres. Nous avons vu avancer des colonels de France, de six ou sept ans de grade, n'ayant jamais vu le feu, et l'on marchande un avancement à ceux d'Afrique, tout aussi anciens, et qui mènent depuis dix ou douze ans la vie la plus dure et la plus laborieuse!

Pour faire justice, il nous faudrait quatre ou cinq maréchaux de camp.

» Je suis bien reconnaissant de l'autorisation que vous me donnez d'aller tuer vos lièvres de Chantilly. Il est probable que je n'en abuserai pas, car j'aurai beaucoup d'affaires pendant la session. Mais j'irai peut-être deux ou trois fois dans tout l'hiver, si vous avez la bonté de laisser des ordres pour cela à vos gardes.

» Si vous le permettez, mon Prince, je vous communiquerai mes idées sur la manière de compléter la domination de la Grande Kabylie sans aucune occupation nouvelle, et seulement par la force morale déjà acquise par nos expéditions de cette année et par celles qu'il me paraît encore nécessaire de faire.

» Je n'ai pas besoin de vous dire, mon Prince, que je fais les vœux les plus ardents pour vos succès dans la belle tâche que vous vous imposez avec tant de générosité.

» Vous voulez, dites-vous, marcher sur mes traces; moi, je veux que vous les élargissiez, et je serai bien plus heureux si vous faites mieux que moi; je ne serai pas le dernier à le proclamer. . . . .

» Maréchal DUC D'ISLY. »

M. H. d'Ideville a raconté cette ancienne conversation qu'il a eue avec le duc d'Aumale, au sujet du duc d'Isly, son ancien compagnon d'armes :

« La correspondance du maréchal Bugeaud, avec moi, nous dit M. le duc d'Aumale, est en effet d'un vif intérêt; ses appréciations, ses conseils et ses instructions sont fort précieux. Je ne parle pas de la partie confidentielle et de ses épanchements intimes, dans lesquels les ministres du roi et quelquefois le roi, mon père, dit en souriant le prince, n'étaient pas toujours épargnés. Mais, nous connaissions tous son dévouement et son grand cœur, ses légers défauts et ses grandes vertus.

» Pendant mon séjour à Constantine, je recevais de lui des dépêches presque chaque semaine.

» Lorsqu'il dictait ses lettres, elles étaient plus précises, plus nettes que lorsqu'il les écrivait de sa main. Il se laissait alors entraîner à de longues digressions sur les précautions à prendre pour les soldats sur leur hygiène, sur l'agriculture, et puis finissait brusquement par ces mots :

» Après tout, mon Prince, faites comme vous voudrez; je » m'en rapporte à vous. »

» Il me témoignait, je dois le dire, une grande affection, une entière confiance, et s'ouvrait volontiers avec moi. Très souvent sévère dans ses jugements, il avait un remarquable sentiment d'équité et appréciait les hommes à leur juste valeur.

» Que de fois l'ai-je entendu établir un parallèle entre ses lieutenants en faisant ce geste : il tenait écartés les trois doigts de la main !

» Le premier, disait-il, en prenant le pouce de l'autre main et » en le secouant durant la démonstration, le premier, c'est Chan- » garnier : méchant caractère, mauvais coucheur, mais rude sol- » dat; le plus fort, le meilleur de tous mes généraux. Ensuite » vient Bedeau. »

» Et, en même temps, il abaissait le pouce; c'était son index qui représentait le second général.

» Celui-là est un homme de devoir et de conscience; solide » et qui ne bronche pas au feu. Puis, enfin, arrive Lamoricière, » faisait-il en touchant le médium : il est vaillant, infatigable, dé- » brouillard, sans doute, mais doctrinaire; il discute sans cesse, » ergote, hésite et n'aime pas les responsabilités; enfin, c'est mon » numéro trois! Nous avons eu souvent maille à partir ensemble, » Changarnier et moi, ajoutait le maréchal; mais, quoiqu'il en » soit, si je le chéris médiocrement, je l'estime très haut; je l'ap- » pelle Changarnier le montagnard. Il est le seul qui aborde la » montagne de front, comme moi, qui l'aime et qui y pénètre, » sans faire de détours. Les autres sont braves sans doute, mais » préfèrent la plaine et multiplient les circuits. »

» Le général Changarnier n'avait, en effet, le caractère ni facile ni aimable.

» Toutefois, ajouta M. le duc d'Aumale, lui aussi, le maréchal était par moments absolu et dur pour ses lieutenants.

» L'histoire du mulet est légendaire.

— Vous la connaissez, n'est-ce pas, Messieurs? dit un jour Bugeaud, — il n'était pas encore maréchal, je crois — aux généraux réunis chez lui; le maréchal Suchet, en Espagne, parlait toujours de certain mulet qui, après avoir fait pendant dix ans la guerre et assisté à tous les engagements, n'en savait pas plus qu'au premier jour.

» A cette apostrophe brutale, Changarnier ne put se contenir et releva le mot du gouverneur général :

— Vous nous traitez comme des bêtes, général; mais, croyez-vous donc que nous ayons attendu votre arrivée pour apprendre la guerre et savoir notre métier!

» Ces discussions orageuses finissaient toujours par s'apaiser, et je fus plus d'une fois employé à raccommoder ces deux grands soldats.

» Le maréchal Bugeaud, continua le duc d'Aumale, était non seulement un vaillant soldat, mais un merveilleux tacticien. Il aimait à raconter ses campagnes, à expliquer, à raisonner ses plans d'attaque. C'est ainsi que la conversation revenait sans cesse aux guerres d'Espagne. Il était méridional, contait bien, avec feu et se répétait rarement. Un des faits militaires qu'il préférait, la combinaison dont il était le plus fier, même avant Isly, c'était ce qu'il appelait sa bataille *sous Milianah*.

» Les détails que donnait M. le duc d'Aumale ne sont pas moins intéressants. Le prince faisait le plus grand cas de cet homme de guerre et ses jugements m'ont beaucoup frappé, en raison de leur bienveillance et de leur impartialité.

» C'était un des hommes les plus remarquables que j'aie connu, dit-il; un soldat de rare énergie et un esprit des plus charmants. J'avais pour lui une affection véritable, et il me témoignait un grand dévouement. Il n'a cessé de m'écrire après 1848, pendant notre exil en Angleterre. Sa dernière lettre est datée de 1851, huit jours avant le 2 décembre! Depuis il resta muet...

— Je vous parlais, continua le prince, des soucis du maréchal Bugeaud à l'endroit de la colonisation et de son goût dominant pour tout ce qui touchait à l'agriculture. Je me souviens qu'un jour, à Alger, je déjeunais au palais du gouvernement, chez le maréchal avec le colonel de Saint-Arnaud. Je commandais alors à Milianah. Le gouverneur, comme d'habitude, causait agriculture et colonisation. Ayant appris que j'avais commencé, autour du camp, des plantations importantes, que je faisais tailler les vignes et que nous avions récolté des luzernes, il m'exprima ses félicitations avec une chaleur singulière ; puis, s'adressant à son autre convive :

— Ce n'est pas vous Saint-Arnaud, qui auriez jamais l'idée de faire de pareilles choses! Ecoutez M. le duc d'Aumale, admirez-le au moins si vous ne l'imitez pas! Voyez comme il emploie ses loisirs, lui!

En sortant du palais, le colonel de Saint-Arnaud s'approcha de moi :

— Ah! Monseigneur, laissez-moi vous le dire, vous êtes un abominable courtisan! Vous flattez les manies de notre grand jardinier en chef, pour aller droit à son cœur! Entre nous, croyez-vous que je m'y laisse prendre, moi, à vos légumes, à vos vignes taillées et que je coupe dans vos luzernes?

» En 1842 et 1843, à Médéah et Milianah, je me trouvai sous les ordres du général Changarnier, mon divisionnaire. C'est à lui, hiérarchiquement, que j'adressai mes rapports, en les communiquant en même temps au gouverneur général. Je revins en Afrique en 1845 et 1846. Au mois de juin 1847, le maréchal quitta son gouvernement. Je le remplaçai. Vous savez le reste. »

Appelé au commandement du 7e corps d'armée... (page 86)

IX. — De 1848 a 1849

La cause des petits colons. — L'administration de l'Algérie. — La révolution de février 1848. — Une belle proclamation. — Le général Changarnier. — L'exil. — En Angleterre. — La guerre de 1870.

Après la reddition d'Abd-el-Kader, le duc d'Aumale s'occupa en Algérie d'administration. Il prit la cause des petits colons contre les grands propriétaires, en obligeant ces derniers à céder des terrains aux plus humbles.

Mais, au moment où il allait réaliser d'autres excellents projets, au moment où la population entière venait à lui dans un élan de confiance et de reconnaissance, la révolution de 1848 éclata.

Que dire de plus? sinon reproduire la belle proclamation du prince aux troupes qu'il avait menées si souvent à la victoire, et qu'il savait quitter avant tant de dignité!

Le duc d'Aumale dit adieu aux troupes d'Afrique par cet ordre du jour :

Au quartier général, à Alger, 3 mars 1848.

« Monsieur le général Changarnier remplira par intérim les fonctions de gouverneur général jusqu'à l'arrivée, à Alger, de M. le général Cavaignac, nommé gouverneur général de l'Algérie.

» En me séparant d'une armée, modèle d'honneur et de courage, dans les rangs de laquelle j'ai passé les plus beaux jours de ma vie, je ne puis que lui souhaiter de nouveaux succès. Une nouvelle carrière va peut-être s'ouvrir à sa valeur ; elle la remplira glorieusement, j'en ai la ferme croyance.

» Officiers, sous-officiers et soldats, j'avais espéré combattre encore avec vous pour la patrie !... Cet honneur m'est refusé ; mais, du fond de l'exil, mon cœur vous suivra partout où vous appellera la volonté nationale ; il triomphera de vos succès ; tous ses vœux seront toujours pour la gloire et le bonheur de la France.

» Signé : Henri d'Orléans. »

Le prince quittait Alger le 3 mars 1848, accompagné de son frère le prince de Joinville, qui avait résigné le commandement de l'escadre.

Le commandant Blanc, présent à ce départ des princes, a ainsi raconté la scène dont il fut témoin :

« Je ne sais, si quelqu'un des témoins de cette scène attendrissante a pu en perdre le souvenir ; pour moi, elle est toujours présente à mon esprit. Je puis retracer cette matinée du 3 mars dans ses moindres détails. Le temps était mauvais ; il pleuvait depuis plusieurs jours à Alger ; les rues étaient remplies de boue, et, dans ces rues, passait ce qu'on peut appeler le convoi de la bravoure et de la loyauté. Le vainqueur de la Smalah et du Ziban, le héros de Saint-Jean d'Ulloa et de Mogador suivait à pied la rue de la marine, donnant la main aux jeunes princes, tandis que le général Changarnier, et je ne sais quel

Vue d'Alger.

autre haut fonctionnaire, avaient à leurs bras la duchesse d'Aumale et la princesse de Joinville. L'heure du départ des nobles exilés avait été tenue cachée; mais nous l'avions apprise, et tout ce qu'Alger possédait d'officiers n'étant pas de service, était accouru leur faire cortège. Nous gardions tous le plus respectueux silence, et, pendant que nous accompagnions notre général dans la voie qui le menait à l'exil, notre esprit marchait à sa suite au désert, dans les montagnes de l'Aurès, où, naguère encore nous le suivions avec un si légitime orgueil. Etrangers aux cruelles exigences de la politique, nous ne comprenions pas qu'on privât ces fils de la France du bonheur de mourir sur son sein : nous gémissions sur le sort de ces enfants nés du sang le plus illustre, et condamnés, sans crime et sans jugement, à ne plus être français. C'était absurde, sans doute; mais, dans notre naïveté de soldats, nous pensions ainsi, et de grosses larmes venaient, malgré nous, mouiller nos paupières.

» La foule, qui encombrait les arcades des deux côtés de la rue, se tenait dans une attitude, sinon respectueuse, du moins réservée; beaucoup de personnes saluaient les princes... A peine si un cri déplacé se fit entendre.

» Une demi-heure après, tout était consommé, un navire de guerre, qui se tenait sous vapeur, avait reçu les exilés et voguait vers les côtes d'Espagne. »

Le duc d'Aumale avait fait montre d'un véritable sentiment patriotique.

« Je puis dire qu'en agissant comme il l'a fait, en écrivant ses fameux adieux à ses soldats, dit à son tour M. Estancelin, un familier des d'Orléans, il fut en parfaite communauté d'idées avec son père et qu'il n'a fait que traduire en actes les sentiments du roi Louis-Philippe.

» Le roi venait d'arriver à Claremont sain et sauf. J'étais dans son salon, où se trouvaient encore la reine et le général de Rumigny.

» On attendait anxieusement des nouvelles de Paris et d'Algérie. Supply arriva à cinq heures dans le salon avec des journaux qu'il remit au général, qui y jeta un coup d'œil, et s'écria :

— Des dépêches d'Algérie !

— Lisez-nous cela, général, dit le roi.

» Jamais de la vie je n'oublierai la scène qui se passa alors.

» L'immense salon de Claremont avait un aspect lugubre : il était éclairé par deux bougies ; les meubles étaient couverts de leurs toiles d'emballage. A droite et à gauche de la cheminée, deux tables ; à celle de droite, la reine tricotait à la lueur d'une unique bougie.

» Le général de Rumigny s'assied près de la seconde bougie, à la table de gauche, pour lire les journaux. Le roi s'assied près de lui, et moi, plus loin, à une distance respectueuse.

» Les dépêches contenaient la proclamation du duc d'Aumale à l'armée d'Afrique et les adieux en termes si élevés, qu'il lui adressait au moment de son départ. C'était en ce qui me concernait l'effrondement de toutes mes espérances...

» A chacune des phrases de la proclamation, que lisait le général d'une voix coupée par les sanglots, le roi disait :

— Très bien ! très bien !

» Et, quand il eut fini, Louis-Philippe ajouta :

— Très bien ! C'était le langage que devait tenir Aumale. »

Nous venons de parler de la Révolution de février, qui avait renversé la Monarchie de juillet, que seul, le maréchal Bugeaud aurait pu sauver.

En effet, le 24 février 1848, à deux heures du matin, Louis-Philippe avait nommé le maréchal Bugeaud commandant en chef des troupes et de la garde nationale.

Malheureusement, à huit heures du matin, le maréchal, qui avait pris des mesures énergiques, reçut de MM. Thiers et Barrot l'ordre, de la part du roi, de faire rentrer les troupes et de ne se servir que de la garde nationale.

Et, à deux heures, deux aides de camp du roi vinrent lui annoncer qu'il était révoqué de son commandement et remplacé par le maréchal Gérard. Au désespoir, sentant la situation compromise, le duc d'Isly courut aux Tuileries et essaya vainement de faire revenir le roi sur sa décision et son abdication. Mais, laissons la parole à un historien doublé d'un charmant écrivain :

« Il était onze heures, écrit M. de Lamartine dans son *Histoire de la Révolution de* 1848 (livre III). A ce moment, on était venu annoncer coup sur coup au maréchal Bugeaud, que le roi l'avait révoqué de son commandement et que le maréchal Gérard commandait à sa place. Il avait cédé impatiemment à ces ordres, il était accouru chez le roi pour lui représenter le danger d'abdiquer dans une défaite. En entrant dans les Tuileries, on lui avait annoncé l'abdication ; il s'était précipité, comme nous l'avons vu, dans le cabinet. Il était à côté du roi. Le prince, assis devant une table, tenait la plume ; il écrivait lentement son abdication, avec un soin et une symétrie de calligraphe, en lettres majuscules qui semblaient porter sur le papier la majesté de la main royale. Les ministres de la veille, de la nuit et du jour, les courtisans, les officiers, les princes, les princesses, les enfants de la famille royale, remplissaient l'appartement de foule, de confusion, de dialogues, de chuchotements, de groupes agités. Les visages portaient l'expression de l'effroi qui précipite les résolutions et qui brise les caractères. On était à une de ces heures suprêmes où les cœurs se révèlent dans leur nudité, où le masque du rang, du titre, de la dynastie, tombe des visages et laisse voir la nature, souvent dégradée par la peur. On entendait de loin, à travers la rumeur de la chambre, les coups de feu retentissant déjà à l'extérieur de la cour du Louvre. Une balle siffla distinctement à l'oreille exercée du maréchal ; elle alla se perdre dans les toits. Le maréchal ne dit pas à ceux qui l'entouraient la sinistre signification de ce bruit. Le palais des Rois pouvait devenir un champ de bataille. A ses yeux, c'était le moment de combattre et non de capituler.

— Eh quoi ! sire, dit-il au roi, on ose vous conseiller d'abdiquer au milieu d'un combat ? Ignore-t-on que c'est vous conseiller plus que la ruine : la honte ? L'abdication, dans le calme et dans la liberté de la délibération, c'est quelquefois le salut d'un empire et la sagesse d'un roi. L'abdication sous le feu ressemble toujours à une faiblesse; et, de plus, ajouta-t-il, cette faiblesse, que vos ennemis traduiraient en lâcheté, serait inutile en ce moment. Le combat est engagé, il n'y a aucun moyen d'annoncer cette abdication aux masses nombreuses qui se lèvent, et dont un mot jeté des avant-postes ne saurait arrêter l'impulsion. Rétablissez l'ordre d'abord et délibérez ensuite.

— Eh bien! dit le roi, se levant à ces paroles, et pressant de ses mains amies les mains du maréchal; vous me défendez donc d'abdiquer, vous?

— Oui, sire, reprit, avec une respectueuse énergie, le brave soldat, j'ose vous conseiller de ne pas céder, en ce moment du moins, à un avis qui ne sauvera rien et qui peut tout perdre.

Le roi parut rayonnant de joie en voyant son sentiment partagé et autorisé par la parole ferme et martiale de son général.

— Maréchal, lui dit-il avec attendrissement et d'un ton suppliant, pardonnez-moi d'avoir brisé votre épée dans vos mains, en vous retirant votre commandement pour le donner à Gérard. Il était plus populaire que vous!

— Sire, répliqua Bugeaud, qu'il sauve Votre Majesté, et je ne lui envie rien de votre confiance!

» Le roi ne se rapprochait plus de la table et paraissait renoncer à l'idée d'abdication. Les groupes de ses conseillers parurent consternés. Ils attachaient à cette idée, les uns leur salut, les autres celui de la royauté, quelques-uns de secrètes ambitions peut-être. Tous du moins, y voyaient une de ces solutions qui font diversion d'un moment aux crises et qui soulagent l'esprit du poids de longues incertitudes...

» Le duc de Montpensier, fils du roi, qui paraissait plus dominé encore que les autres par l'impatience d'un dénouement, s'attacha de plus près à son père pour l'engager à se rasseoir et à signer. La reine, seule dans ce tumulte et dans cet entraînement de conseils timides, conserva la grandeur, le sang-froid et la résolution d'épouse, de mère et de reine. Après avoir combattu, avec le maréchal Bugeaud, la pensée d'une abdication précipitée, elle céda à la pression de la foule; elle se retira dans l'embrasure d'une fenêtre d'où elle contemplait le roi, avec l'indignation sur les lèvres et de grosses larmes dans les yeux.

» Le roi remit son abdication à ses ministres et rejoignit la reine dans l'embrasure du salon. Il n'était plus roi, mais personne n'avait autorité légale pour saisir le règne. Le peuple ne marchait déjà plus au combat contre le roi, mais contre la royauté. En un mot, il était trop tôt et trop tard.

» Le maréchal Bugeaud en fit encore l'observation respectueuse au roi avant de s'éloigner.

— Je le sais, maréchal, dit le roi, mais je ne veux pas que le sang coule plus longtemps pour ma cause.

» Le roi était brave de sa personne, le mot n'était donc pas un prétexte dont il couvrait sa fuite, ni une lâcheté. Ce mot doit consoler l'exil et attendrir l'histoire :

» Ce que Dieu approuve, les hommes ne doivent pas le flétrir. »

Après la Révolution de 1848, le duc d'Aumale se retira en Angleterre, et là, loin du bruit, des agitations stériles, il sut travailler à la grandeur de la France en la dotant d'ouvrages qui ne périront pas.

Dans cette retraite où il avait pu s'entourer de ses objets d'art préférés, des livres qu'il aimait, le prince, de soldat devint écrivain, et, comme le sage de l'antiquité, il prit la plume après avoir pris le glaive.

« Le duc d'Aumale est comme le bras et l'épée de sa famille », a dit plus tard un de ses biographes, M. Ernest Daudet. — Il aurait pu ajouter : « il en est aussi le cerveau. »

De cette retraite féconde, sortirent de beaux travaux historiques et littéraires : la *captivité du roi Jean* et le *siège d'Alesia;* des ouvrages militaires, comme les *Zouaves* et les *Chasseurs à pied*, en attendant son œuvre capitale : l'*Histoire des princes de Condé*.

Aux douleurs de l'exil, devaient s'ajouter d'autres cruelles épreuves : après avoir perdu en 1866 le prince de Condé, mort en Australie des suites de fièvres pernicieuses, il perdit en 1869 la duchesse Caroline. La fatalité continua à sévir sur lui, et, en 1892, expira le duc de Guise, dernier enfant du duc d'Aumale.

Seul, au milieu d'un amas de ruines, avec le souvenir chéri de tous ceux qu'il avait aimés et qui étaient disparus à jamais, le prince dut faire appel à toute son énergie, à tout le courage dont son âme était trempée, pour résister à tant d'épreuves.

Et, après avoir vu tous les siens disparaître autour de lui, il allait encore avoir l'atroce douleur de voir sa patrie bien-aimée foulée par l'étrange envahisseur.

En un irrésistible élan patriotique, il écrivit au ministre de la guerre une lettre datée du 9 août 1870, dans laquelle il demandait à prendre du service :

« Monsieur le Ministre, vous venez d'appeler tous les Français à combattre pour la défense de la patrie. Je suis Français, soldat et valide. J'ai le grade de général de division, je demande à être employé dans l'armée active. »

Le prince ne reçut pas de réponse et ne rentra en France que pour aller siéger, le 19 décembre 1871, à la Chambre. Il avait été, en effet, élu député du département de l'Oise par 52.222 voix.

Le 30 décembre de la même année, le duc d'Aumale eut une grande joie : il fut élu membre de l'Académie française. Cette assemblée était fière de posséder dans son sein l'auteur de la belle *Histoire des Princes de Condé.*

A l'occasion du procès Bazaine, il monta à la tribune et prononça un magnifique discours. Il parla aussi en faveur de la réorganisation de l'armée. Puis il eut la douloureuse tâche de diriger, comme président du Conseil de guerre, le procès du maréchal Bazaine.

Appelé au commandement du 7e corps d'armée, il s'éloigna forcément des travaux de la Chambre des députés.

En 1875, le prince déclina la candidature que lui offraient les électeurs du département de l'Oise.

Mais, aux amertumes devaient succéder les amertumes; le

23 février 1883, on le mit en retraite d'emploi, et, en 1885, le gouvernement ayant expulsé les descendants de famille qui ont régné en France, il fut rayé des cadres de l'armée.

Après ce décret de juillet 1886, le duc d'Aumale partit pour Bruxelles, sans incident et sans protestation nouvelle.

Il avait loué un hôtel à la chaussée de Charleroi, où il installa sa résidence. Il y avait fait transporter des collections d'œuvres d'art et une grande partie de l'ameublement de Chantilly.

Le duc d'Aumale, ayant fait donation de Chantilly à l'Institut de France, on se montra favorable à son rappel; le 8 mars 1889, le décret d'expulsion fut rapporté, et le duc d'Aumale ne tarda pas à rentrer en France.

Rappelons que, le 30, du même mois de mars 1889, le duc d'Aumale fut élu membre de l'Académie des sciences morales et politiques, par 32 voix sur 34 votants.

La première journée du duc d'Aumale, de retour sur le sol de la Patrie bien-aimée, fut consacrée à Chantilly. La seconde journée (1), qui allait être plus officielle, était réservée à la capitale et aux confrères de l'Institut de France. Mais, avant de se rendre à l'invitation de ses collègues, le duc tenait à faire visite au président de la République, aux deux maréchaux de France et aux secrétaires perpétuels de l'Institut.

En débarquant, au sortir de la gare du Nord, il est monté en voiture avec quelques amis venus pour l'attendre. Le duc s'est arrêté en route d'abord chez M. Joseph Bertrand, secrétaire perpétuel de l'Académie des sciences, puis chez M. Jules Simon, directeur de l'Académie française. De là, son équipage a pris le chemin de l'Elysée. Le duc d'Aumale a été reçu immédiatement par M. Carnot. Son entrevue avec le chef de l'Etat a été des plus courtoises. Le duc paraissait très ému quand il a adressé ces paroles au président de la République :

« En touchant le sol de la Patrie, mon premier soin est de vous exprimer les sentiments que m'inspire l'acte que votre gouver-

(1) 12 mars 1889.

nement vient d'accomplir — dans des conditions également honorables pour celui qui en est l'auteur et celui qui en est l'objet — honorable surtout pour la France. C'est votre premier souci, je le sais; c'est aussi le mien; c'est là ce qui touche mon cœur; c'est ce dont je tenais à vous remercier. »

En prenant congé de M. Carnot, le duc s'est entretenu pendant quelques minutes avec les officiers de la maison militaire.

La visite à l'Elysée s'est terminée à onze heures et demie.

Le duc d'Aumale a ensuite déjeuné chez sa nièce, la duchesse de Chartres. A une heure, il est ressorti pour aller déposer sa carte chez le président du Conseil des ministres, chez le secrétaire perpétuel de l'Académie et chez les maréchaux Canrobert et de Mac-Mahon.

L'Académie avait, pour la circonstance, retardé l'ouverture de sa séance, qui n'a eu lieu qu'à trois heures et demie. Tous les membres de la compagnie avaient été conviés à y assister. Depuis une heure de l'après midi, des personnes stationnaient déjà aux angles du pont des Arts pour voir arriver le duc. Vers trois heures, c'est-à-dire un peu avant l'ouverture des portes de l'Institut, la foule s'était accrue. Aux abords du palais Mazarin, et surtout dans les cours intérieures, on remarquait un grand nombre de journalistes, parmi lesquels s'étaient glissés quelques curieux.

A trois heures précises, le duc est arrivé en voiture. Il a mis pied à terre, sur la place, à quelques mètres de l'escalier de l'Institut. Il a été aussitôt entouré par les curieux qui se découvraient sur son passage. Le duc a répondu en saluant la foule à plusieurs reprises. Au bas du perron l'attendait M. Mézières, à qui il a donné l'accolade. Puis, le duc a pénétré sous la coupole, où son entrée a été saluée par les applaudissements de ses collègues.

M. Jules Simon, en sa qualité de directeur de l'Académie, s'est adressé en ces termes au duc d'Aumale :

« Vous avez demandé, Monseigneur, qu'il n'y eût rien de changé à notre ordre du jour; mais, songez que c'est la première fois que vous venez parmi nous, depuis le magnifique don que vous nous avez fait.

» Nous ne pouvons, en vérité, nous dispenser de vous exprimer notre gratitude et la joie que nous fait éprouver votre retour.

» Quoïque nous n'ayons jamais cessé de la désirer et de montrer par tous les moyens en notre pouvoir, à quel point nous la désirions, il nous semblait, à nous mêmes, que cette place vide au milieu de nous, nous accusait d'ingratitude.

» En regardant autour de vous, Monseigneur, vous ne trouverez rien de changé, malgré quelques figures nouvelles. C'est toujours le même respect pour votre personne, et, s'il est permis de le dire, au plus humble de vos confrères, la même chaleureuse amitié, accrue encore par les trois ans d'exil que nous venons de souffrir. »

En quelques mots émus, le duc d'Aumale remercia ses confrères et exprima le regret de ne plus retrouver à ses côtés son vieux maître, son vieil ami, M. Cuvillier-Fleury.

A trois heures quarante, la séance était levée.

Le soir, à huit heures et demie, un banquet, qui eut lieu au Lion d'Or, était offert au duc d'Aumale par la société des Amis des Livres, dont il était le président d'honneur. On y remarquait la présence de Mme Adam, qui, en se mettant à table, donna le bras au duc d'Aumale.

Telle fut la seconde journée du duc en France.

Rappelons ici que, le 21 décembre 1895, le duc d'Aumale fit une visite au président de la République pour demander la grâce des chefs arabes qui avaient été condamnés pour faits insurrectionnels en 1871.

Il fut entouré et félicité .. (page 94)

X. — Le Patriote

Une lettre au capitaine d'état-major Charles Bocher. — Le procès Bazaine. — « *La France existait toujours!* » — Les questions militaires à la Chambre des députés. — La Croix Rouge.

Le patriotisme des princes d'Orléans se fit voir au moment de la guerre. Ils avaient d'ailleurs déjà donné des preuves de leur bravoure comme soldats : le duc d'Aumale, le duc de Nemours, le prince de Joinville, en Afrique; le comte de Paris, aux Etats-Unis; le duc de Chartres, en Amérique et en Italie (1). Nos lecteurs ont lu plus haut la magnifique lettre écrite le 9 août 1870, au ministre de la guerre par Henri d'Orléans, duc d'Aumale.

Au point de vue spécial du *patriotisme*, et avant de mentionner les événements plus rapprochés de l'époque actuelle, nous avons tenu à citer une belle lettre du duc d'Aumale, adressée au capitaine Charles Bocher, attaché à l'état-major de

(1) On sait que le duc de Chartres combattit pendant la guerre, caché sous le nom de *Robert le Fort*.

Canrobert, pendant la guerre de Crimée. Elle respire un amour de la France et de l'armée, qui réchauffe le cœur.

« Twickenham, 2 août 1855.

» Mon cher Capitaine, je profite d'une occasion que j'ai lieu de croire sûre, pour vous remercier de votre bonne lettre du 2 juillet, que le prince Edouard m'a fait remettre, il y a deux ou trois jours.

» Je n'ai pas encore revu ce brave et digne ami... J'ai soif de l'entendre, car je n'ai pas besoin de vous dire que l'armée, la guerre de Crimée, sont nos constantes, je dirais presque nos uniques préoccupations. Cependant, c'est en tremblant que j'ouvre le matin mon journal, et surtout mes lettres (car on est loin de tout savoir par les journaux) : je crains toujours d'y apprendre encore la mort de quelque ami, de quelque bon et brave camarade. Je ne saurais vous dire ce que m'a fait éprouver celle du général Lavarande ; j'avais la plus haute idée de son mérite, la plus parfaite estime pour son caractère, la plus véritable affection pour sa personne. A part les coups qui ont si cruellement frappé ma famille, je ne crois pas en avoir ressenti un pareil, depuis la mort du pauvre Doulcet. Aussi suis-je fort triste, et mon vieux fond de gaieté naturelle commence à s'épuiser; je ne puis me faire à l'idée que mes camarades se battent et meurent sans que je sois au milieu d'eux. La guerre faite sans nous est toujours ce que j'ai redouté le plus depuis la révolution de Février; je m'étais presque habitué au reste; je ne me fais pas à cela, et la pensée que d'autres n'ont pas pris la place que nous occupions jadis dans les rangs de l'armée n'est qu'une faible consolation. Cependant, je travaille pour tâcher de prendre patience, mais je n'y réussis guère... »

Dans une des séances du Conseil de guerre, appelé à juger le maréchal Bazaine, le prince émit une parole qui est devenue historique.

Interrogeant le maréchal, il lui disait :

— Les termes de votre lettre s'appliquaient à une capitulation avec les honneurs de la guerre. Vous ne pouviez alors songer à sortir avec 120.000 combattants, et vous ne pouviez croire que ce fussent les seules conditions qui vous auraient été imposées comme le prix de la capitulation de Metz. Vous tendiez un piège, dites-vous; je l'admets. Votre but était alors de faire une convention? Vous croyiez donc avoir le droit de traiter avec l'ennemi?

Réponse du maréchal. — Je me suis toujours cru le droit d'être utile à mon pays, comme je l'entendais, dans le moment surtout où je pouvais compter avec ma conscience, car il n'y avait plus de gouvernement légal.

Le duc d'Aumale. — Ainsi, comme chef d'armée, vous vous considériez comme ayant le droit de faire une convention militaire?

Le maréchal. — Les situations étaient changées; il n'y avait plus de gouvernement; j'étais mon propre gouvernement; je n'étais, je le répète, dirigé par personne. Je n'avais plus à obéir qu'à ma conscience.

Le duc d'Aumale. — Vous ne pensiez pas que votre situation militaire vous obligeait à respecter les règlements militaires.

Le maréchal. — Mais l'empire était tombé, rien de légal n'existait plus.

Le duc d'Aumale. — *La France existait toujours!*

Rien ne peut rendre l'émotion profonde qui s'empara de l'auditoire, quand le duc d'Aumale, sans élever la voix, sans viser à l'effet, mais au contraire avec une sorte de timidité et presque de confusion, comme s'il avait rougi d'avoir à donner une telle leçon à un maréchal de France, laissa jaillir de son cœur cette réplique écrasante. Bazaine, lui, n'était pas homme à se laisser toucher; il continua la même discussion tenace, obstinée aux petits détails, ignorant les grands mouvements et les grands élans du cœur.

En mai 1872 (le 28), une discussion importante avait lieu à l'Assemblée nationale, au sujet de la *loi sur l'armée*. Le duc d'Aumale y prononça, en faveur du projet de loi un véritable discours d'affaires, dit dans un langage excellent, avec un geste et une fermeté toutes militaires, ont raconté les témoins. Le duc d'Aumale s'y prononça pour le service obligatoire, pour l'incorporation du contingent, pour la suppression du remplacement. Il faut rappeler l'éloge émouvant et patriotique qu'il fit des vieux régiments français, du soldat vaillant, patient dans les misères et dans les privations, courageux et résigné, même dans les revers, et ses éloquentes paroles sur le drapeau de la France.

Le duc invita l'Assemblée à faire un acte de patriotisme et de conservation, en appelant tous les enfants de la France à la défense du sol sacré de la Patrie. Nul en France et en Europe ne pouvait se méprendre sur le but de cette importante réforme.

Il faut encore mentionner ses regrets donnés à la suppression des compagnies de grenadiers et de voltigeurs, et le juste hommage qu'il rendit aux travaux militaires du gouvernement de la Restauration.

« Aujourd'hui, s'écriait le duc d'Aumale, le remplacement doit disparaître entièrement et complètement dans l'intérêt de l'armée et dans l'intérêt du pays. (Très bien ! Très bien !) Le service obligatoire est nécessaire ; il sera accepté de grand cœur, à condition que vous n'ouvriez pas la porte au remplacement, car si vous l'ouvrez toute petite, on l'ouvrira toute grande. (Très bien !). . . . .

. . . .

» Il n'y a plus de grenadiers et de voltigeurs. Permettez-moi de regretter nos compagnies d'élite, dont le souvenir est associé à tant de combats, tant d'assauts, tant de victoires ! Je me rappelle que leur suppression était demandée dans le livre d'un de mes honorables camarades, le général Trochu, dans un livre que nous avons tous lu et admiré. C'était peut-être la proposition la plus contestable que l'on y trouvât. . . . .

. . . .

» Autrefois on disait : « privé de l'honneur de servir dans l'armée française. « Il ne faut point que ce soit une peine de ser vir sous le drapeau de la France, sous ce drapeau chéri, autour duquel se sont ralliés pendant la guerre les défenseurs de la Patrie; plus tard, pendant l'insurrection, alors que la guerre civile en avait arraché un lambeau pour s'en faire un drapeau, il a servi encore de ralliement, il a été longtemps l'emblême de la victoire, comme il est maintenant l'emblême de la concorde et de l'union. » (Applaudissements prolongés et mouvement.) . . .

. . . .

» En vouant nos enfants à la défense du pays, nous faisons un acte de patriotisme austère, de bon aloi, conforme à l'esprit de conservation, dont cette assemblée est animée. Le patriotisme efface les nuances quelque accusées qu'elles soient. . . . . .

. . . .

En résumé, ce beau discours du duc d'Aumale fut celui d'un patriote, d'un militaire et d'un prince français. Lorsqu'il redescendit de la tribune, il fut entouré et vivement félicité.

Entre temps, le duc d'Aumale présidait la Société de secours aux blessés militaires. Il était heureux et fier d'avoir succédé à son frère, le duc de Nemours, dans cette tâche. Donnons ici le compte-rendu d'une séance de la société, dont nous fûmes témoin :

Sous la présidence de M. le duc d'Aumale, disions-nous, la Société de secours aux blessés militaires a tenu en juin 1896, à l'hôtel Continental, sa séance annuelle. A peine de retour de la Sicile, le prince était venu donner, à la *Croix-Rouge*, un nouveau témoignage de l'affectueuse sollicitude que le héros de la Smalah n'a cessé d'étendre sur les soldats.

Le général Duc avait à sa droite les représentants militaires du président de la République, des ministres de la guerre et de la marine. Son rapport a été lu par M. le colonel Robert, secrétaire général de la Société.

Il rappelle l'évènement qui, pendant l'année, a absorbé l'attention de la Société : l'expédition de Madagascar. « Le cœur de la France était là, » dit-il, et avec le cœur de la France, la maternelle sollicitude de la Croix-Rouge. Le prince fait connaître ensuite les mesures prises dès le début de la guerre : la formation d'un comité à la Réunion, qui semblait désigné pour le grand sanatorium — la création de haltes réconfortantes à Suez et à Port-Saïd.

La Société approvisionne, outre ces stations, quinze infirmeries régimentaires. Le corps expéditionnaire et en particulier le 200e de ligne, sont généreusement pourvus, ainsi que les hôpitaux de Madagascar. La Société a fait 191 expéditions. « Il faut envoyer trop pour être sûr qu'on enverra assez », ajoute le président...

Dans leur œuvre de patriotique charité, les comités rivalisent de dévouement. Partout leurs membres se constituent les secrétaires des soldats malades, leur portant, avec des douceurs, de réconfortantes paroles, représentant par leur affection la famille absente.

Entre tous ces comités, le président signale celui de la Réunion, fondé, dit-il, par l'un de nos aumôniers de 1870, Mgr Fabre, évêque de Saint-Denis de la Réunion, qui y a groupé les femmes des hauts fonctionnaires de l'île. Le duc d'Aumale nous montre le pontife étendant son ardente charité bien au delà des limites de son diocèse...

Les comités veillent aussi à Saïd, ils entourent les rapatriés de toutes leurs sollicitudes. Ces sollicitudes, ils les retrouvent sur le sol de la Patrie, à Toulon, à Porquerolles, à Montpellier, à Port-Vendres. Les dames de la Croix-Rouge les entourent de tout ce que le cœur de la femme peut contenir de généreux dévouement. Parmi ces nobles femmes, le prince cite avec émotion Mme Gillon, la veuve de l'héroïque colonel du 200e. Accompagnée de son jeune fils, elle apparaît au milieu des débris du régiment, et elle prodigue ses soins et ses affectueuses consolations aux anciens soldats de son mari. « Avec quel serrement de cœur ! » ajoute le duc d'Aumale...

La Société continue à veiller sur les blessés et les veuves de 1870. Si de nouveau devait sonner l'heure terrible des grandes mêlées européennes, la Croix-Rouge serait à son poste, à la suite de nos armées, et ceux qui ne peuvent aller aussi loin seraient dans les hôpitaux auxiliaires, avec leurs femmes, leurs filles, leurs sœurs, pour soigner, consoler, encourager les blessés. Les cours de brancardiers et de dames infirmières préparent à cette mission.

Quelques millions seront alors nécessaires. La Société y a pourvu; son trésor de guerre, confié à la Caisse des dépôts et consignations, s'élève à sept millions.

Le président envoie un suprême hommage à l'homme de bien que le conseil vient de perdre. Il trace du baron Larrey un portrait où ceux qui l'ont connu et aimé reconnaîtront l'éminent praticien, le parfait gentilhomme.

Le prince fait revivre « ce beau vieillard », à la parole élégante, à la grâce courtoise, au cœur charitable, et qui fut pour la Croix-Rouge un ami de la première heure.

Jusqu'à présent, c'est d'après des notes rapides crayonnées pendant la séance, que nous avons analysé ce beau rapport. Grâce à une bienveillante communication, il nous est permis d'en citer textuellement la dernière page :

« Si pour une expédition comme celle de Madagascar, où tout était prévu de loin, où toutes les ressources abondaient, notre société a pu faire tant de bien, quel ne serait pas son rôle à l'heure que nul ne peut prévoir, si jamais une autre guerre venait, comme la foudre, précipiter des millions d'hommes dans des misères incalculables?

« Aimons-la bien, Messieurs, notre Croix-Rouge. Serrons-nous autour d'elle, Mesdames. Comprenons bien, si de pareilles ténèbres sont possibles, le caractère providentiel de l'arme bienfaisante dont nous sommes les dépositaires. Rappelons-nous, dans le passé, les corps sanglants, pêle-mêle entassés sur la terre des granges et des étables, et, par la pensée, suscitons en regard l'ambulance organisée d'avance, le lit aux draps blancs, la bande préparée dans une main qui la pose avec art.

« Poursuivons en faveur de notre chère maison, poursuivons contre l'égoïsme et l'indifférence, cette lutte incessante de l'esprit et du cœur, qui constitue la propagande féconde et qui n'est, en réalité, que le don de soi-même, Dieu nous a donné pour mission de représenter la charité parmi les effroyables cruautés de la guerre, de rappeler aux hommes, dans l'aveugle folie des armes, leur fraternelle origine; de leur montrer au-dessus d'eux le Père, le Juge commun à tous; soyons dignes de cette mission sublime, et vaillamment, en gens de tête et de cœur, préparons-nous à la remplir, pour le salut de nos enfants, pour l'honneur de la Patrie, pour l'humanité tout entière. »

La station aux portes du palais Mazarin... (page 98)

XI. — Le duc d'Aumale et l'Institut de France

En 1871. — Le prince élu à l'Académie. — Un empressement extraordinaire. — Un confrère. — Le poète gentilhomme Alfred de Vigny. — L'Histoire des princes de Condé. — Une donation à l'Institut de France. — Un acte. — Une lettre de Woodnorton. — Un vote unanime.

On sait qu'en 1871 le prince était élu à l'Académie :

« Le faire élire à l'Académie française, a écrit M. Louis Ratisbonne (1), était-il beaucoup plus difficile qu'il ne l'est d'y pénétrer aujourd'hui, pour assister à la réception du duc d'Aumale? On peut presque en douter. Jamais cérémonie de ce genre n'a excité une curiosité plus vive, plus avide, une plus grande fureur de voir, d'être vu, de dire : j'y étais! Pour avoir souvenir d'une ardeur pareille, il faut remonter aux réceptions de Berryer et de Lacordaire. La station aux portes du palais Mazarin a commencé à huit heures du matin, mais on peut bien dire qu'on faisait queue depuis plusieurs mois. . . . .

(1) *Journal des Débats*, 4 avril 1873.

» Cet empressement extraordinaire, pour qui connaît Paris, n'a rien de bien surprenant.

» ... L'intérêt, si l'on veut y songer, était dans le fait même de cette réception.

» C'est, en effet, un « signe des temps » que cette entrée du duc d'Aumale à l'Académie française. C'est un témoignage de plus, et des plus imprévus, de la force victorieuse des idées démocratiques qui pénètrent le monde moderne, et des grands changements accomplis sous leur empire dans notre pays. Ce n'est pas la première fois sans doute que les plus grands seigneurs ont demandé, depuis Richelieu, à venir s'asseoir au banquet des *grands lettrés.* L'Académie a ouvert ses rangs à plus d'un; elle s'est honorée de compter dans son sein ces élus de la naissance, et, de fait, elle y a gagné de maintenir dans leur commerce les traditions de goût et de politesse qui font partie de ses mérites et contribuent au prestige de l'illustre compagnie. Mais le spectacle d'aujourd'hui, on ne l'avait pas encore vu. C'est un prince de la maison de France, et le propre fils de notre dernier roi, qui frappe à la porte de l'Académie; qui aspire, pour y entrer, à descendre de son titre d'Altesse, ou plutôt à monter de ce titre et de ce rang à celui de *confrère* et d'égal de ceux qui n'ont d'autre blason que le talent et le savoir. Il briguera d'être traité par eux comme un simple citoyen; il jouira d'être en public, et pour une fois, appelé Monsieur (car je crois bien qu'entre eux ils continueront de l'appeler familièrement *Monseigneur!*) Ce n'est pas tout. Il sera, sur sa demande, introduit sous le patronage des deux plus illustres ministres du roi son père, dont l'un est devenu le président de la République française. Et il ne se prévaudra pas de sa race pour être admis à l'honneur qu'il ambitionne; il ne voudra pas le devoir même à des titres plus méritoires et plus personnels, à ses qualités et à ses services d'homme de guerre; il compte pourtant quelques faits d'armes assez glorieux et dont le pays se souvient. L'Afrique l'a vu aux côtés de son frère, le duc d'Orléans, à l'Affroun, au col de Mouzaïa, à Biskra; il a gouverné l'Algérie, et c'est le vainqueur d'Abd-el-Kader.

» Il ne pourra empêcher que ces titres lui soient comptés, mais ce ne sont pas ceux qu'il mettra en avant. Il ne se prévaudra que de sa plume, et il se présentera avec de nobles écrits et un livre à la main.

» Voilà où est l'évènement; voilà l'intérêt philosophique de cette élection, ce qui lui donne l'empreinte singulière des temps où nous sommes parvenus. Elle témoigne de grands changements, de prodigieuses vicissitudes. C'est la démocratie, au surplus, dans ce qu'elle a de plus élevé et de meilleur, affirmant la suprématie de l'esprit, d'où elle est sortie, et qui peut seule la maintenir dans son triomphe. »

« Ton règne est arrivé, pur esprit, roi du monde », s'écriait avec le profond sentiment de cet avènement de l'intelligence, un poète gentilhomme, le comte Alfred de Vigny, plus fier de ses œuvres que de ses aïeux, dans une sorte d'*exegi monumentum*, qu'il commençait ainsi :

> Si l'orgueil prend mon cœur quand le peuple me nomme,
> C'est de mes livres seuls que me vient ma fierté.
> J'ai mis sur le cimier doré du gentilhomme
> Une plume de fer qui n'est pas sans beauté.

Ses aïeux à lui, bien qu'il fût de bonne souche, n'étaient pas de race royale. Ce n'étaient, à vrai dire, que d'opulents seigneurs, aimant à batailler et à chasser, assez obscurs au demeurant. La cendre des Condé jette d'autres étincelles! Et cependant, quand le prince récipiendaire, déposant son épée, prit la plume pour écrire sa belle *Histoire des princes de Condé*, de cette maison à laquelle l'adoption le rattachait, il a dû sentir le noble orgueil du poète, et il a pu murmurer son vers superbe :

> Si j'écris leur histoire, ils descendront de moi !

Rien de charmant comme le début du discours du duc d'Aumale. Dans un exorde *ex abrupto*, par une inspiration des plus heureuses, il saute par-dessus les banales préparations, et il entre en plein cœur de son sujet; il raconte un trait de héros, et dit :

« Ce héros était un ancêtre du comte de Montalembert, dont j'entreprends l'éloge et dont la plume fut une épée ! » C'était, lui a répondu spirituellement M. Cuvillier-Fleury, commencer son discours comme on monte à l'assaut. Ce n'est qu'après cet exorde que le récipiendaire remercie délicatement l'Académie qui porte le nom de la France de l'avoir recueilli au moment où il revenait de l'exil, et d'avoir voulu ainsi s'associer à la résolution généreuse qui lui a rouvert les portes de la Patrie. « A la douleur inexprimable de revoir cette patrie vaincue, mutilée, sanglante, se mêlait, dit le prince, la joie *de la revoir*, *de la servir* et de lui dévouer mon fils. Il a plu à Dieu d'éteindre la dernière flamme de mon foyer domestique ! » Et il cite avec des larmes, dans la voie quelques lignes délicieuses de Montalembert sur les grâces de l'enfant et sur l'amour du père, sur cet amour qui est né le dernier, qui est le plus puissant et le plus pur et qui sourit à tout. Cette évocation de l'enfant envolé qui manque à la fête paternelle a ému vivement l'assistance.

En même temps, on le voit, le caractère du talent du comte de Montalembert, fait de courage et de sensibilité, avait été ainsi, dès les premières phrases du récipiendaire, indiqué en deux traits avec un rare bonheur. Ce bonheur a suivi le duc d'Aumale dans presque tout son discours, et sa péroraison, aussi belle que son exorde, a enlevé l'auditoire dans un immense applaudissement...

Dans la réponse au duc d'Aumale, M. Cuvillier-Fleury a été ce qu'il est dans ses meilleurs jours. Son portrait, du comte de Montalembert, est, par endroits, gravé avec une vigueur et un relief superbes. Il y avait, on le sait, pour M. Cuvillier-Fleury une difficulté particulière dans la tâche qui lui était dévolue de recevoir le duc d'Aumale, dont il a été le maître toujours aimé, toujours écouté, même dans le temps, lui a dit le duc, « où l'écouter était un devoir. »

M. Cuvillier-Fleury s'est tiré de cette difficulté le plus simplement du monde, en étant vrai et juste, et en n'en faisant pas l'éloge. Il n'a trahi ses sentiments particuliers pour le récipiendaire que par le soin avec lequel il a parlé, pour n'omettre aucun de ses titres, des moindres écrits du prince, qui n'ont pas tous la même notoriété que son *Histoire des princes de Condé*...

Veuf et sans enfants, le duc d'Aumale, en 1886, a fait *donation à l'Institut de France, du domaine de Chantilly et des magnifiques collections que renferme le château*, en se réservant toutefois l'usufruit « non pas pour jouir, le cas échéant, de l'usage et de l'habitation, mais pour terminer certaines parties encore inachevées de l'œuvre par lui entreprise. »

La remise d'une expédition authentique de cet acte de donation a été faite à l'Institut de France, le 30 octobre 1886.

Voici une partie du texte :

« Par-devant Me Henri-Eugène Fortana et Me Louis-François Languest, notaires à Paris, soussignés, ont comparu :

» 1° M. Pierre-Henri-Edouard Bocher, sénateur ;

» 2° M. Louis-Jules-Ernest Denormandie, ancien gouverneur de la Banque de France, sénateur ;

» 3° M. Edouard Rousse, membre de l'Académie française, etc ;

» Agissant tous trois au nom et comme mandataires de Mgr Henri-Eugène-Philippe-Louis d'Orléans, duc d'Aumale, général de division, membre de l'Institut, grand'croix de la Légion d'honneur, domicilié de droit à Paris, rue de Varenne, n° 59, et résidant actuellement à Woodnorton (Angleterre). . .

. . . .

Lesquels, préalablement à la donation faisant l'objet des présentes, ont exposé ce qui suit :

Exposé.

Dans un testament olographe, en date, à Chantilly (Oise) du 3 juin 1884, Mgr le duc d'Aumale, mandant des comparants, s'est exprimé en ces termes :

« Voulant conserver à la France le domaine de Chantilly dans » son intégrité, avec ses bois, ses pelouses, ses eaux, ses édifices » et ce qu'ils contiennent : trophées, tableaux, livres, archives, » objets d'art, tout cet ensemble qui forme comme un monument

» complet et varié de l'art français dans toutes ses branches et de » l'histoire de ma patrie à des époques de gloire, j'ai résolu d'en » confier le dépôt à un corps illustre qui m'a fait l'honneur de » m'appeler dans ses rangs à un double titre, et qui, sans se sous- » traire aux transformations inévitables des sociétés, échappe à » l'esprit de faction, comme aux secousses trop brusques, conser- » vant son indépendance au milieu des fluctuations politiques ».

» En conséquence, Mgr le duc d'Aumale a légué à l'Institut de France, pour en disposer dans des conditions déterminées, le domaine de Chantilly, tel qu'il existera au jour de son décès, avec la bibliothèque et les collections artistiques et historiques qu'il y a formées.

» Depuis, et à la date du 29 août 1886, Mgr le duc d'Aumale, désirant aplanir les difficultés de détail que pouvait rencontrer cette disposition, a résolu de l'exécuter de son vivant, et a donné aux comparants, par lettre missive, mandat de transformer, en un acte authentique portant donation entre vifs et irrévocable, sous réserve d'usufruit, les dispositions testamentaires qui viennent d'être rappelées. . . . .

. . . .

Donation.

» Cet exposé terminé, les comparants, pour remplir la mission dont ils ont été honorés, et pour constituer régulièrement entre les mains de l'Institut, la fondation dont il s'agit, font, par les présentes, au nom de leur mandant, donation entre vifs et irrévocable, à l'Institut de France, des biens, meubles et immeubles ci-après désignés, savoir :

Désignation.

Le domaine de Chantilly, tel qu'il existe actuellement, avec la bibliothèque et les autres collections artistiques et historiques qu'il renferme, les meubles meublants, statues, trophées d'armes, voitures, selles et harnais ayant un caractère historique; les archives, sauf la partie de celles-ci qui concerne l'administration des autres domaines appartenant au donateur, et sauf aussi tous les papiers et documents postérieurs à l'année 1815, en tant que les papiers ne se rapportent pas à la propriété même de Chantilly.

» Les immeubles, composant le domaine faisant partie de la présente donation, sont d'une contenance totale de 9.057 hectares, 49 ares environ, et consistent principalement dans (... suit la désignation détaillée). . . . .

. . . .

Observation concernant le mobilier.

» Il est ici observé que, dans l'ensemble des objets mobiliers, dont l'Institut de France deviendra propriétaire aussitôt après l'acceptation de la présente donation, sont spécialement compris :

A. — Le diamant rose en cœur, connu sous le nom de « Grand Condé » et qui, en effet, a été porté par ce prince, avec les petits diamants qui l'entourent;

B. — Le poignard, orné de pierres précieuses, donné par S. A. R. le duc d'Orléans à Abd-el-Kader en 1838, et qui fut trouvé dans la Smalah de l'Emir en 1843, avec le sabre que S. M. le roi Louis-Philippe avait donné à ce dernier;

C. — Le poignard enrichi de diamants, qui a été donné en 1846 par le donateur au bey de Tunis;

D. — Quinze animaux en argent, œuvre de Barye;

E. — Le sabre droit, à garde d'acier, dont le donateur s'est servi pendant ses campagnes et périodes de service militaire, le désir du donateur étant que ce sabre soit conservé auprès de son guidon, déjà placé dans l'un des trophées qui ornent le château de Chantilly. . . . .

. . . .

» Dont acte,

» Fait et passé à Paris, rue de Varennes, 59, l'an mil huit cent quatre-vingt-six, le vingt-cinq octobre. . . . .

. . . . »

Ajoutons, ne pouvant donner ici le texte en entier, que la donation a été faite à la charge, par l'Institut de France, de conserver à perpétuité au Domaine entier et aux collections qu'il renferme, leur caractère et leur destination, et spécialement de n'apporter aucun changement dans l'architecture extérieure ou intérieure du château, du pavillon d'Enghien, du Jeu de Paume et des trois petites chapelles ; de conserver à la chapelle du château sa destination, de veiller sur le dépôt des cœurs des Condé, qui y ont été recueillis ;

De conserver le caractère et la destination des parcs, jardins, canaux et rivières, ainsi que la distribution générale des forêts, étangs et fontaines ;

Et, en plus, cette donation a été faite à la charge de servir aux départements, communes, pensions et établissements ci-après désignés, les sommes suivantes, comprises dans les *dispositions testamentaires* du donateur, savoir :

A l'hospice de Condé, à Chantilly, une rente annuelle et perpétuelle de 15.000 francs, que ledit hospice emploiera dans les termes et selon l'esprit de sa fondation. Le donateur ne pouvait trouver un meilleur moyen d'exprimer aux habitants de Chantilly et des communes voisines, la gratitude des sentiments qu'ils lui ont toujours témoignés ;

Au département de l'Oise, une rente annuelle et perpétuelle de 10.000 francs, qui sera portée au budget départemental, et entr'autres une somme de 1.500 francs pour l'entretien, dans un ou plusieurs lycées ou colléges, de bourses, au profit d'enfants présentés par la commune de Chantilly, et celle de 1.000 francs pour distribution de prix dans les écoles.

Un conservateur devra être attaché aux collections.

La valeur de ce don fait à l'Institut ou plutôt à la France, est d'une cinquantaine de millions. Quant au revenu, il aura atteint son niveau normal en 1933, lorsque la charge annuelle de 204.000 francs, à payer au Crédit foncier sera éteinte ; il sera de 600.000 francs environ.

Les parcs, les jardins, le musée Condé, devront être ouverts deux fois par semaine aux visiteurs.

M. Edouard Bocher s'était rendu au palais Mazarin, le jeudi 30 septembre précédent, et, en l'absence de M. Zeller, alors président de l'Institut, avait remis au vice-président, M. Camille Doucet, la lettre suivante, que le duc d'Aumale lui avait adressée, ainsi qu'à MM. Charles Bocher et Denormandie :

Woodnorton, 29 août 1886.

« Messieurs et chers amis,

» Désirant assurer la destination que, d'accord avec mes héritiers, je réserve au château et domaine de Chantilly, je veux accomplir dès aujourd'hui une résolution qui pourrait être, après ma mort, entravée par des difficultés de détail faciles à aplanir de mon vivant.

» En conséquence, j'ai invité M. Fontana, notaire à Paris, à ouvrir le pli qui renferme mon testament olographe en date du 3 juin 1884 et je l'ai chargé de vous remettre une copie authentique des paragraphes de ce testament qui concernent le domaine de Chantilly, ainsi que la copie des codicilles ajoutés depuis et qui se rattachent au même objet.

» Je fais appel à votre amitié, à vos lumières, et je demande votre concours pour que les dispositions contenues dans ces actes puissent recevoir actuellement leur exécution, sous réserve de l'usufruit que j'entends conserver non pas seulement pour jouir, le cas échéant, de l'usage de l'habitation, mais pour terminer certaines parties encore inachevées, de l'œuvre que j'ai entreprise, réduire les frais d'administration, enfin dans l'intérêt des communes et des indigents du voisinage.

» Je vous donne, à cet effet, les pouvoirs les plus étendus, même celui de modifier les dispositions accessoires qui ne vous paraîtraient pas conciliables avec l'objet principal que j'ai en vue.

» Je vous prie de vous faire assister par M. Limbourg, avocat, qui a ma confiance et qui est au courant de mes intentions.

» Recevez, Messieurs et chers amis, l'assurance de mes plus affectueux sentiments.

» H. d'Orléans. »

A cette pièce était jointe la copie du testament.

On trouve trace dans une anecdote de la grande sympathie que le duc d'Aumale a su inspirer à ses collègues de l'Institut, quel que fût le parti politique auquel ils appartinssent. Au moment où le député Floquet présenta sa proposition contre les princes d'Orléans, le grand poète Victor Hugo, qui se rappelait aussi qu'il avait été exilé, manifesta spontanément et vivement combien il trouvait injuste et imméritée la proposition émanant d'une partie de l'assemblée, qui aurait dû plus que toute autre, être contre les lois de prescription et d'exil.

D'autre part, dans la séance de l'Académie française du 15 juillet 1886, présidée par M. Duruy, le président prit la parole en ces termes au commencement de la séance :

« Messieurs,

» Je crois être l'interprète des sentiments de l'Académie, en exprimant ses regrets pour l'absence forcée d'un de ses membres les plus éminents. »

Après ces paroles, l'Académie, *par un vote unanime*, chargea M. Duruy, directeur, de transmettre à M. le duc d'Aumale, l'expression des regrets de la compagnie tout entière.

En reconnaissance du magnifique don du duc d'Aumale, l'Institut de France décida de faire frapper une médaille commémorative.

Le 28 décembre 1887, une délégation de l'Institut, composée de MM. Renan, Jules Simon, Wallon et Doucet, se rendit à Bruxelles, et, au nom des cinq Académies, remit au duc d'Aumale la médaille gravée par M. Chaplain.

L'ancien château de Chantilly.

XII. — LE CHATEAU DE CHANTILLY

Les splendeurs du passé. — Chantilly avant la Révolution. — Le duc d'Aumale à Chantilly. La « *Maison de Sylvie.* » — Les vers de Théophile. — L'architecte Henri Daumet. — Le château. — La « Poterne ». — La tour du connétable. — La chapelle. — Les objets d'art. — Les salons. — La bibliothèque. — Une médaille. — Les chasses.

. . . .

Du château de Condé relevant la mémoire,
Dans sa magnificence il paraît à nos yeux.
Pénétrons, en ce jour où tout parle de gloire,
Qui redit à l'entour ce qu'étaient nos aïeux :

L'œil contemple en extase et le cœur en silence
Ces toiles, ces bijoux, ces marbres, ces métaux,
Ces tombes des Condés qui, dans leur éloquence,
Font fléchir le genoux devant leurs panonceaux.

Du petit châtelet, je conserve l'image,
Là, tout retrace encor Condé, le grand vainqueur ;
De Rocroy vous lisez l'attendrissante page,
Tout nous parle de lui, tout fait battre le cœur (1).

. . . .

Avant la Révolution, les splendeurs du passé avaient fait Chantilly bien prospère (2).

« Cette célèbre commune, a écrit l'antiquaire Cambry, enrichie par ses propriétaires, nourrie par les dépenses prodigieuses du prince de Condé, de sa cour et par des étrangers qui se rendaient à ses fêtes ou qui venaient jouir des délices de ce beau séjour, est, depuis la Révolution, dans un délabrement, dans un abandon, dans une pauvreté dont on a peine à se faire une idée, quand on l'a connue dans les jours de son éclat et de la fortune factice qu'elle possédait momentanément. Ses habitants ressemblent à des enfants gâtés par les caresses de leurs parents, qui, privés de leurs secours, sont obligés d'apprendre quelque métier et de recommencer leur éducation. »

Cambry, alors préfet de l'Oise, écrivait ceci vers 1803.

Dix ans auparavant, Chantilly avait subi, en effet, le contre-coup de la fureur révolutionnaire. La population oublia alors les bienfaits passés, ou plutôt un groupe de meneurs usurpa ce titre et se livra à des actes de vandalisme.

On se rendit dans le vieux château du connétable Anne de Montmorency, dans cette demeure trois fois centenaire. Les tours furent abattues, les arbres coupés; les peintures qui couvraient les murailles et qui représentaient les couleurs du Grand Condé, Rocroy et Lens, furent grattées par le couteau stupide. Les statues des vestibules, les faunes et les déesses du parc immense furent mutilés ou brisés. On ne respecta ni les allées où Bossuet méditait l'oraison funèbre d'Henriette de France, ni le

(1) Eugène Lefranc. *Chantilly*. 1888.

(2) A différentes époques il y eut, à Chantilly, d'importantes industries, et particulièrement des fabriques de boutons, de toiles peintes, de blondes, d'indiennes, d'aiguilles et de dentelles. (Ces dernières donnèrent leur nom à la dentelle de Chantilly). Plusieurs existent encore de nos jours.

En 1735, on avait fondé une fabrique de porcelaine, aujourd'hui disparue. Ses produits, fort recherchés, avaient pour marque un « cor de chasse ».

banc de pierre sur lequel Fénelon, disgracié, avait si souvent songé, ni le banc de gazon où Vauban avait coutume de s'asseoir.

On vendit à vil prix la collection d'armures, la plus riche qui fût au monde, patiemment amassée par Louis-Henri de Bourbon; on vendit de même une collection d'antiquités, dans laquelle on avait réuni tous les objets trouvés sur les vastes domaines de la famille de Condé : un magnifique médailler, enfin des collections de statues, de porcelaines, de bronzes, de vases antiques et de pierres précieuses.

Quant à la grande statue équestre du connétable, le représentant armé à l'antique et l'épée nue, elle fut brisée en mille pièces. C'était un monument qui se recommandait beaucoup plus par le mérite de l'œuvre que par la valeur de la matière.

C'est à tort qu'on a prétendu qu'elle était de bronze : elle n'était composée que de morceaux de cuivre et de platine.

Rien n'existe plus aujourd'hui du vieux château, du *grand château*, comme on l'appelait, et que le connétable avait fait construire sur les fondations de la forteresse féodale. Le château actuel, charmant d'ailleurs, portait, avant la Révolution, le nom de *capitainerie*. Un hasard seul l'empêcha de subir le sort de son aîné. Il n'y échappa que parce que les acquéreurs, n'ayant pas rempli à temps les clauses de la vente, se virent dépossédés sous l'Empire. Le petit château, dit château d'Enghien, et les écuries furent mis, dès lors, par un arrêté spécial, à la disposition du ministre de la guerre. Mais la capitainerie fut sauvée.

L'histoire nous a laissé le dessin et la description du grand château dont rien ne reste debout. A l'extrémité d'une immense avenue, une demi-lune précédait l'avant-corps. A droite et à gauche du pont-levis se dressaient deux pavillons, dont l'un est encore habité. Une terrasse spacieuse continuait la cour : c'est sur cette terrasse que se tenait la statue équestre du connétable. Les bâtiments, au lieu de terminer régulièrement la cour, s'échelonnaient à droite et à gauche, flanqués de grosses tours et baignant leur pied dans les fosses toujours à sec. La plate-forme des anciens souterrains en indique encore la place.

Un historien de ce temps, M. Desnoiresterres, nous apprend que M. le duc d'Aumale eût, vers 1846, l'intention de relever le vieux château, sur les fondements et la place de l'ancien. Il y avait eu, même, un commencement d'exécution. La pierre avait été apportée en vue de travaux prochains, mais la révolution de 1848 vint couper court à des projets qui n'avaient guère de chance d'être jamais repris. C'était l'architecte Duban qui devait faire exécuter les reconstructions projetées.

Chantilly a de grands souvenirs. Il faudrait d'abord, pour être complet, raconter l'histoire de tous les Montmorency et de tous les Condé, qui en firent leur résidence de prédilection. Le vieux château et le vieux parc eurent la fortune d'être lieux d'asile... pour un poète. Théophile, pour quelques vers qui, en effet, sentaient un peu le fagot, venait d'être condamné par la grande Chambre de justice à être brûlé vif. Il se réfugia à Chantilly, auprès du prince Henri, qui l'avait introduit naguère à la cour de Louis XIII. Le prince était absent; mais la princesse, compatissante et douce au protégé de son mari, fit abaisser le pont-levis devant le fugitif.

Théophile ne fut pas un ingrat d'ailleurs; ses meilleurs vers, peut-être, nous montrent sa profonde reconnaissance.

Il sut admirablement chanter Chantilly sous le nom de la *Maison de Sylvie :*

... Lieux révérés
Où la vertu se réfugie,
Et dont la porte me fut ouvert
Pour mettre ma tête à couvert
Quand on brûla mon effigie.

. . . .

Ce qui me surprend le plus, c'est la pureté de pensée et de forme que revêt son œuvre, quand il aborde ce sujet :

Au travers de ma noire tour,
Mon âme a des rayons qui percent
Dans ces parcs, que les yeux du jour
Si difficilement traversent.
Mes sens en ont tout le tableau;
Je sens les fleurs au bord de l'eau.

Je prends le frais qui les humecte.
La princesse s'y vient asseoir :
Je vois, quand elle y va le soir,
Que le jour fuit et la respecte.
Les oiseaux ne font plus de bruit,
Et seul, le roi de l'harmonie,
Qui touche un luth en pleine nuit,
Demeure en notre compagnie.

Plus tard, ce furent les fêtes légendaires données à Louis XIV par le grand Condé.

Qui n'a lu les lettres charmantes de Mme de Sévigné racontant les splendeurs de ces fêtes, et la dernière lettre relatant avec émotion la fin du pauvre Vatel, se passant l'épée au travers du corps parce que le poisson n'était pas arrivé? (1)

Un instant, en 1845, on put croire à un renouveau de ces fêtes. Les événements ne le permirent pas. Aujourd'hui, les courses demeurent l'unique source de fortune de Chantilly.

« La ville de Chantilly (2), dit M. L. Noël, doit à la libéralité de M. le duc d'Aumale, son cimetière, son jeu d'arc, les constructions nouvelles de l'hospice de Condé, dont le nombre de lits a été augmenté, l'emplacement des abattoirs, etc. Nous ne comptons pas les dons de toute nature que le prince fait sans cesse dans le but d'aider à la prospérité de la ville, non plus que les 20.000 francs qu'il a offerts à la municipalité pour acheter le bâtiment où est installé la mairie. Pour les pauvres de la ville, ses largesses discrètes n'ont pas de bornes. Mme Berthe de Clinchant, qui fut la dame d'honneur et l'amie dévouée de la duchesse d'Aumale, est l'intendante des bonnes œuvres du prince... (3).

» Il a de plus favorisé l'institution des courses, source inépuisable de richesse pour le pays, en permettant à la Société d'en-

(1) Depuis le XVIe siècle, tous les rois sont venus à Chantilly : En 1540, le connétable de Montmorency y reçut l'empereur Charles-Quint; à une époque plus rapprochée de nous, les princes de Condé y donnèrent l'hospitalité à l'empereur d'Allemagne Joseph II, à Christian VII de Danemark, à Paul Ier de Russie, à Gustave III, de Suède, etc.

(2) Pendant plusieurs siècles, Chantilly ne se composa guère (en tant que lieu habité) que du château et de ses dépendances. Au commencement du XVIIIe siècle, c'est à peine si on y comptait vingt habitations particulières. A l'époque révolutionnaire, il y avait environ 1.200 habitants.

En dehors des familles princières, Chantilly a vu naître le sculpteur Dantan aîné, le peintre Roquet.

(3) Chantilly de 1870 à 1871. Senlis. Ernest Payen 1891.

couragement de faire courir sur la pelouse. Il y avait fait élever des tribunes inaugurées en 1848, alors que pour la première fois, le prince partait pour l'exil.

»... En 1882, le duc d'Aumale autorisait la Société d'encouragement à agrandir la pelouse pour y créer des pistes droites. A trois reprises différentes, en 1859, 1882 et 1898, il a concédé de nombreux terrains pris en sa forêt... En favorisant ainsi l'entraînement, le prince a non seulement enrichi Chantilly et les communes voisines, mais il a aidé, de plus, la Société d'encouragement, qui a doté le pays d'une industrie nouvelle. »

Le duc d'Aumale avait toujours désiré reconstruire le grand château de Chantilly. Lorsque la République lui eût permis de se réinstaller en France, il confia les plans de cette reconstruction à M. Henri Daumet : « L'architecte avait tout d'abord à tenir compte des points suivants : obligation de bâtir sur les anciennes fondations assises sur le rocher et faisant masse avec lui ; nécessité d'installer les nombreux et inestimables objets d'art recueillis par le prince, dont beaucoup devaient faire corps avec la construction ; par contre, les dépendances extérieures du château, et notamment le château d'Enghien, permettaient de sacrifier presque complètement la question du logement et de consacrer à peu près exclusivement l'édifice au musée et aux appartements de réception. En face de la terrasse, au milieu de laquelle se dresse de nouveau la statue du connétable, l'architecte élève une porte monumentale flanquée de deux galeries à jour latérales, qui se terminent, l'une par la tour du connétable, l'autre par la chapelle. Ces grandes galeries donnent de l'air et de la lumière à la cour triangulaire qui, dans les constructions antérieures, était une véritable cour de forteresse. Au fond de cette cour se trouve l'entrée du grand vestibule, communiquant, d'une part avec la galerie des cerfs et par suite avec les autres galeries (peintures, estampes, tribune, galerie de Psyché), avec la tour du Trésor, contenant les pièces de haute curiosité et le logis du prince ; d'autre part, avec l'étage supérieur du châtelet, où se trouvent la bibliothèque, la galerie de M. le Prince (tableau représentant les actions du grand Condé) et divers salons, et enfin, par un escalier monumental en fer à cheval allongé, avec une autre galerie menant à la chapelle (1). »

L'entrée du château de Chantilly, *la Poterne*, s'ouvre en haut de la longue et large rampe nommée le *Connétable*. Elle est placée derrière une statue équestre d'*Anne de Montmorency* par le sculpteur Paul Dubois.

Sur la droite, une belle galerie à jour, qui forme péristyle, réunit cette entrée à la tour d'angle appelée *Tour du Connétable*. Une deuxième galerie la réunit à gauche avec la *chapelle*. Celle-ci se trouve placée au sommet du triangle formé par la cour d'honneur.

Le vestibule, qui est surmonté d'un dôme et d'une lanterne, est situé au milieu du grand côté du triangle. Il est en face de l'entrée du château. Ce vestibule mène à droite à la belle salle à manger, dite *des Cerfs*, qui est tendue de superbes et précieuses tapisseries.

Au fond de la salle se trouve une cheminée monumentale surmontée d'un Saint-Hubert du regretté Paul Baudry. L'artiste l'a représenté sous les traits du duc de Chartres, avec le duc d'Orléans pour écuyer.

La salle à manger communique directement avec le *Musée*. Le *Musée* est composé de quatre pièces : la *galerie de peinture*, la *tribune*, salle de forme octogone, la *galerie de Psyché* et la *Tour du Nord*.

Parmi les œuvres d'art les plus remarquables dues aux grands maîtres, nous pouvons mentionner : un *dyptique* de Hans Memmling (il a été payé 250.000 francs), les *Trois Grâces* de Raphaël, toile qui n'a pas plus de 0,20 centimètres de hauteur (achetée 600.000 francs) ; la *Vierge d'Orléans* de Raphaël Sanzio (payée 150.000 francs) ; le *Couronnement de la Vierge* de Lorengo di Nicolo ; un *Saint-Jean-Baptiste* d'Andrea del Castagni.

Au bout de la galerie de peinture, se trouve la *Tour du Nord*,

(1) Vicomte de Laix de Saint-Ayman.

dont le plafond, qui représente l'*Enlèvement de Psyché*, est du peintre Paul Baudry (1).

La galerie de Psyché renferme quarante-deux vitraux qui proviennent du château d'Ecouen et qui sont attribués à Bernard de Palissy.

A l'autre bout des galeries se trouve la *Tour du Trésor*. Elle renferme des antiques, des émaux et des miniatures. Quatre salons en enfilade partent du vestibule dans une autre direction. Ce sont : le *Salon des chasses*, le *Salon des Huet*, le *Salon de l'Europe* et le *Salon d'Angle*. La *lingerie* a ses murs entièrement décorés par le peintre galant du XVIIIe siècle Antoine Watteau (2).

La chapelle, une merveille, possède un autel qui appartenait primitivement à la chapelle d'Ecouen : l'architecte de cet autel fut Jean Ballant, et le sculpteur Jean Goujon.

Derrière l'autel se trouve le *Mausolée*, qui a été construit en 1663 par Perrault, pour recevoir les cœurs de la famille des Condé.

La bibliothèque, qui est située parallèlement aux salons, renferme une importante et inappréciable collection de manuscrits rares et de *princeps*.

A l'Est, vers l'avenue du château, se rencontre une petite chapelle, qui a une touchante légende :

Un prince de la maison de Condé, s'amusant avec une arme à feu, la déchargea par mégarde dans la direction de la forêt; il atteignit une bergère (Jeanneton), assise au bord du bois, et la blessa mortellement. En expiation de son imprudence et pour accuser publiquement sa faute, il fit élever une croix à l'endroit où était tombée Jeanneton. Elle fut détruite en 1789, mais le duc d'Aumale la fit rétablir en 1882.

On sait que les beaux jardins de Chantilly ont été dessinés par Lenôtre. Ils étaient célèbres dans toute l'Europe. Traversés par le grand canal, long de 3.000 mètres et large de 80, qui s'étend

(1) C'est sa dernière œuvre.

(2) Ces peintures avaient été respectées par les révolutionnaires.

depuis Saint-Firmin jusque près du viaduc de la Canadière : ils renferment encore un grand nombre de sites ravissants, parmi lesquels nous citerons seulement les cascades, le hameau et le charmant parc de Sylvie.

A son retour d'exil, le 17 mars 1889, le duc d'Aumale fut reçu par les habitants de Chantilly avec un enthousiasme véritable.

Voulant témoigner au prince leur profonde estime, d'un mouvement spontané, ils résolurent de lui offrir un beau souvenir de son retour.

Une souscription, où les habitants de Chantilly furent seuls admis à souscrire, fut ouverte. L'offrande devait être de dix centimes à un franc.

Avec le produit de la souscription, on chargea M. Patey, graveur, et lauréat du grand prix de Rome, d'exécuter une médaille en argent. Elle fut offerte au duc d'Aumale, en 1890, avec un superbe manuscrit sur parchemin, contenant par ordre alphabétique la liste des noms de tous les souscripteurs.

Le lundi et le vendredi de chaque semaine, le duc d'Aumale chassait à tir. Avant son exil, le prince avait couru la grosse bête. Par n'importe quel temps, monté sur un grand cheval irlandais, vêtu d'un pantalon de toile, très large, à la zouave, à la bouche une petite pipe courte, véritable « brûle-gueule », il poursuivait le cerf. Et, détail curieux, il avait toujours derrière lui une petite chienne, *Finette*, qui, roublarde, ne se fatiguait point à suivre la meute et n'allait de l'avant qu'au moment où elle reconnaissait qu'on allait prendre la bête. Alors seulement elle quittait le prince, s'élançait, et bientôt on l'entendait donner de la voix. Hourvari, le vieux piqueur, s'écriait : « Ecoute à Finette! » Et chacun dès lors était assuré que la bête était sur ses fins, l'hallali prêt à sonner.

La magnifique chasse de Chantilly avait été louée par le duc d'Aumale en 1868, à une société composée du duc de la Trémoïlle, du duc de La Rochefoucauld-Doudeauville, du marquis du Lau, etc. Après la guerre, le suzerain de Chantilly, pouvant rentrer en France, demanda à reprendre sa chasse, en annulant le bail. Les amodiataires y consentirent tout de suite. Le prince, en rentrant chez lui, trouva ses bois peuplés de gibier, sans avoir pris la peine de s'en occuper. Pour remercier ses locataires, il les mit sur la liste de ses invités les plus privilégiés...

Le prince n'oubliait pas ses confrères de l'Académie. Il les invitait trois par trois.

Après son retour définitif en France, le duc d'Aumale ne se remonta point, encore qu'on lui offrît de lui rendre les équipages vendus à son départ. Il se contenta de suivre les chasses du duc de Chartres, mais il continua de chasser à tir très régulièrement.

Chantilly restauré.

XIII. — Les dimanches a Chantilly

Le dimanche à Chantilly. — Les réunions et les déjeuners. — Artistes et gens de lettres. — Les invités. — Conversation. — Une distraction favorite. — La visite des richesses du château.

« A Chantilly, dont il a su faire un séjour incomparable en restaurant le château, ... a dit M. Ernest Daudet (1), le duc réunit souvent un groupe préféré d'intimes, dont le dévouement ne lui a jamais fait défaut. On le voit quelquefois, allant les chercher à la gare, conduisant un grand breack dans lequel il les ramène, recevant partout les témoignages respectueux de la déférence des populations parmi lesquelles il vit, et se plaisant à traverser au trot de son merveilleux attelage les écuries du château, construites par le plus illustre des Condé et vastes comme une cathédrale.

» La vie, à Chantilly, est large, luxueuse même, digne d'un

(1) *Célébrités contemporaines. Le duc d'Aumale.* A Quentin.

prince. Là tout rappelle d'inoubliables souvenirs de succès et de revers, une antique gloire. Les hauts faits du passé défrayent souvent les entretiens, durant lesquels le prince charme ses auditeurs par la variété de ses connaissances, la sûreté de sa mémoire, sa bonne grâce, sa simplicité. Les problèmes du présent, les questions sociales, les questions d'art ont aussi leur place dans ces entretiens, car le duc d'Aumale est surtout de son temps. Naguère, il se plaisait à inviter des officiers, les uns, ses anciens compagnons d'armes, les autres, plus jeunes, ayant servi sous ses ordres. On a, dans certains lieux, suspecté ces réunions; il y a renoncé, bien qu'à regret.

» Au surplus, quiconque l'approche subit le charme qu'il porte en soi. Rarement ceux qui le voyaient pour la première fois se sont séparés de lui sans se dire : « C'est quelqu'un », sans regretter le malheur des temps et les malentendus funestes qui frappent d'un ostracisme immérité (1) un prince d'une si haute valeur, un citoyen si vraiment honnête homme, un patriote si passionnément épris de la France, et qui se fait gloire d'être son serviteur le plus dévoué. »

Le duc d'Aumale, qui était aussi simple qu'hospitalier, avait pris l'habitude, chaque dimanche, de réunir dans un déjeuner tout intime quelques amis personnels, des membres de l'Institut, et aussi des écrivains et des artistes. C'est ainsi que M. Emile Zola fut invité à Chantilly, de même Edmond de Goncourt, et aussi Paul Bourget et Pierre Loti, avant qu'ils révêtissent l'habit à palmes vertes. L'aimable amphitryon procédait par fournées de douze invités — pas plus — parmi lesquels se trouvaient quelques dames et quelques officiers.

Les politiciens y étaient rares, et si le duc de Broglie, le duc d'Audiffret-Pasquier, M. Bardoux, faisaient à Chantilly de fréquentes apparitions, c'est uniquement parce qu'ils étaient des amis personnels et qu'ils appartenaient à l'Institut. Jamais, d'ailleurs, on ne se serait permis de parler politique. Le prince avait même une grande horreur pour ces sortes de discussions.

(1) Ceci était écrit en 1883.

Les invités partaient de Paris vers dix heures du matin; à la gare de Chantilly attendaient les voitures qui les transportaient au château. Le prince les recevait dans la galerie des Batailles, accueillant chacun par son nom, adressant à chacun un compliment et racontant quelquefois, à propos de celui-ci ou de celui-là, une anecdote amusante. A Mme Benjamin-Constant, la femme du peintre et qui, comme on le sait, est la fille d'Emmanuel Arago, il dit :

— J'ai connu votre grand-père, madame. Je me rappelle avoir vu François Arago aux Tuileries, en habit vert. Il avait des cheveux très noirs et un teint bronzé. Comme j'avais une dizaine d'années et que j'avais toutes les audaces, je demandai à Arago pourquoi il portait un habit vert.

» — C'est, me répondit-il, que j'aime beaucoup les perroquets et leur plumage, et il me plaît beaucoup de ressembler à un perroquet en deuil ! »

Les compliments et politesses étant échangées, le prince, en guise d'apéritif, montrait à ses hôtes les drapeaux pris à l'ennemi par le Grand Condé et les tableaux qui reproduisent les épisodes de la vie de ce guerrier illustre. Il expliquait lui-même, en général et en savant tacticien, les exploits du vainqueur de Rocroi.

On déjeunait à midi. Durant le repas, la conversation se poursuivait, calme, cordiale. Jamais, ou presque jamais, on ne parlait du présent. On s'entretenait surtout du passé; chacun puisait dans ses souvenirs, mais c'est le duc d'Aumale qui en tirait la plus abondante provision. Sa mémoire était en effet prodigieuse, et son récit, vif, mouvementé, pittoresque, rappelait la manière de narrer de Saint-Simon.

Les convives prenaient le café dans la grande galerie. C'est là que les fumeurs pouvaient se livrer à leur favorite distraction. Le prince, d'ailleurs, donnait l'exemple en sortant une petite pipe de bruyère — la pipe du soldat d'Afrique — qui provoqua, un jour, le récit d'une anecdote curieuse. Le duc d'Aumale, alors colonel, voyageait à travers la Kabylie. La nuit venue, il s'arrêta pour se reposer et voulut récompenser l'homme qui l'avait conduit. « Tenez, mon ami, lui dit-il, voici une pièce qui vous permettra de vous offrir quelque chose à votre convenance. » — « Mon colonel, répondit le brave homme, pas d'argent! Donnez-moi plutôt votre vieille pipe, en souvenir.

Le café et les liqueurs dégustés, on ne faisait point de musique, ni de promenade dans la forêt, comme on pourrait croire : on visitait toutes les galeries du château avec le prince pour cicerone. Et quel cicerone! Anecdotes et souvenirs se succédaient, dont les invités gardaient profit. « C'était, comme nous l'a dit joliment M. Benjamin-Constant, de l'histoire promenée. »

Vers quatre heures, la visite des admirables richesses de Chantilly se terminait dans la bibliothèque, où l'on rencontrait généralement les convives du dimanche précédent, venus pour faire leur visite de digestion. La causerie se prolongeait jusqu'au moment où le commandant Berthaut, secrétaire du prince, avertissait discrètement chacun que l'heure du départ du train de Paris approchait, car le prince dînait toujours seul et avait l'habitude de se coucher de bonne heure.

C'est ainsi que finissaient les dimanches de Chantilly, dont la série est close par la mort du plus charmant et du plus galant des princes de l'ancienne famille royale.

Il me prit dans ses bras... (page 126)

XIV. — Le centenaire de l'Institut

Le centenaire de l'Institut. — La visite au château. — La journée du 26 octobre 1896. — Souvenir d'une visite. — M. Henri Caïn. — Anecdote intéressante. — Précieuses reliques. — Une apparition au Théâtre français. — Au milieu des Arabes.

La journée du 26 octobre 1896, où les collègues du duc à l'Institut vinrent lui rendre visite à Chantilly, n'aura pas été la moins intéressante du *Centenaire de l'Institut.*

Dès dix heures et demie, la gare du Nord commençait à voir arriver les quatre cents invités de Chantilly, et, à onze heures un quart, un train spécial les emportait à destination. On y remarquait des wagons d'érudits, de géomètres, d'économistes, etc.

L'Institut est arrivé à Chantilly à midi. Douze vastes voitures, vigoureusement attelées, l'ont aussitôt conduit au château, où Mgr le duc d'Aumale l'attendait, dans sa chaise-longue malheureusement. — Pourquoi faut-il qu'un peu de noir se mêle à toutes les joies? — Le prince, toutefois, ne souffrait plus et avait sa pleine liberté d'esprit. Il a eu pour chacun, comme toujours, une parole gracieuse et un cordial serrement de main. Après quoi ses invités se sont rendus à un buffet qui, comme on le pense, n'était pas leur principale préoccupation. Un sandwich et un verre de champagne étaient pris en toute hâte, et aussitôt on courait à mieux : à la bibliothèque, pleine de raretés ; aux appartements du Grand Condé, peuplés de ses souvenirs ; à la galerie des tableaux, où il n'y a que des morceaux de premier ordre. C'est ici qu'on retrouvait le prince causant amicalement avec ses hôtes, les retenant s'ils voulaient se retirer trop tôt, appelant à lui ceux qui s'en tenaient éloignés par discrétion, et ne laissant à personne qu'un regret, celui d'avoir abusé de tant de bienveillance.

L'heure du départ est venue bien vite, au milieu de tant d'impressions successives. Par une délicate attention, où le bibliphile se retrouve avec son goût des livres bien édités, le duc d'Aumale a voulu qu'aucun de ses visiteurs ne quittât Chantilly sans en emporter l'image et la description. Un joli volume, composé à cet effet, leur a été remis à tous en mémoire de cette journée, qui comptera dans les annales de l'Institut comme l'une des plus belles et des plus émouvantes.

M. Henri Caïn, qui avait eu le plaisir d'être reçu récemment à Chantilly et de causer avec le duc d'Aumale, a raconté dans les charmantes lignes que nous reproduisons, non seulement sa visite mais une anecdote vraiment intéressante et inédite, dont le duc d'Aumale lui fit le récit (1) :

» Quand on a le grand plaisir et l'honneur d'être invité à Chantilly, a-t-il dit, l'émerveillement commence dès l'arrivée à la station donnant sur la forêt. L'on traverse, en effet, des allées magnifiques, toutes pleines, en cette saison, de chants d'oiseaux.

» Il existe des forêts admirables, mais presque muettes, témoin Fontainebleau, où le manque d'eau éloigne les fauvettes. Chan-

(1) *Le Matin*, 26 avril 1897.

tilly, au contraire, avec ses sources, ses ruisselets, ses beaux étangs, est la forêt babillarde, le vrai paradis des oiselets, qui vous souhaitent la bienvenue par des roucoulades sans fin.

» Au bout de quelques minutes, la voiture, qui nous emporte d'une folle allure, débouche sur une vaste esplanade, et le château paraît avec ses hautes tours blanches, couronné de ses toits, de ses flèches, de ses mille clochetons qui dentellent le ciel, étroitement enserré en son corselet d'eau miroitante et vive emplissant des fossés larges comme des fleuves.

» Par un pont de pierre, enjambant une rivière où filent des carpes monstrueuses, l'on arrive dans la cour d'honneur.

» La fière statue équestre du connétable, par Paul Dubois, en occupe le centre, tandis que la grande entrée est gardée par les groupes de chiens, que modela autrefois mon père.

» C'est par une petite cour délicieuse s'ouvrant à gauche, près de la chapelle, et donnant accès sur le vestibule conduisant aux appartements particuliers du prince, que les hôtes pénètrent dans l'intérieur du palais.

» En un instant, les domestiques, aux livrées couleurs bleu de roi, vous débarrassent des paletots encombrants, et l'on monte un magnifique escalier, au haut duquel le duc d'Aumale attend ses invités.

» Il apparaît avec sa figure fine et rieuse, son teint clair, ses yeux d'un bleu si spécial et si extraordinaire, vêtu de son veston de velours noir, la main gauche appuyée sur sa canne, la main droite largement tendue vers ses amis.

» Quand il y a de nouveaux venus ne connaissant pas encore Chantilly, le prince profite des moments qui restent (avant que ne sonne l'heure du déjeuner) pour leur faire lui-même les honneurs des appartements et de la galerie des Batailles.

» C'est là que brille le trophée du grand Condé, ayant en son milieu le drapeau espagnol qu'il prit de sa main, à Rocroy, en chargeant le premier, panache blanc au chapeau, aux cris : « A l'ennemi ! »

» Jamais je n'ai vu le duc d'Aumale montrer ce souvenir glorieux d'une bataille épique, sans entendre sa voix si vibrante et si nette s'altérer un peu, la gorge serrée par cette vision de combat qui remue son âme de vaillant soldat. . . . .

. . . .

» Midi... Le déjeuner est annoncé.

» La grande table est placée dans une splendide salle à manger de plus de trente mètres de long, dont les hautes baies, donnant sur le champ de courses, éclairent des tapisseries de Flandre et de divines peintures de Baudry.

» Quand il n'y a pas de dames, le duc d'Aumale prend toujours à sa droite et à sa gauche de bons amis de l'Institut, de vieux compagnons, frères d'armes; tandis que les plus grands noms de la noblesse et de la fortune ne viennent qu'à la suite.

» Le déjeuner dure environ une heure, et c'est dans le musée des tableaux, au milieu des Delacroix, des Decamps, des Daubigny, des Ingres, des Meissonier, des Rosa Bonheur, des Bonnat, des Detaille, des Laurens et tant d'autres maîtres, que s'allument cigares et cigarettes, tandis que l'on sert le café.

» De là, en la compagnie du duc d'Aumale, on parcourt les nombreuses salles de peintures, de bibelots, de sculptures, de dessins, et c'est véritablement extraordinaire de voir avec quelle fougue, quel amour de l'art, le prince montre ses trésors.

» Chaque toile accroche un souvenir, chaque dessin nous vaut une histoire, chaque bibelot évoque un passé.

» Un pieux pèlerinage aux Fouquet, aux Raphaël, aux Vinci, aux Botticelli, aux Proud'hon de la Tribune avant d'arriver à la fameuse Bibliothèque de Chantilly.

» Là, sur des tablettes serties d'acier, s'alignent les plus beaux livres du monde et des manuscrits sans prix.

» Le duc d'Aumale installe lui-même les précieuses reliques devant ceux qui les désirent connaître, et c'est magiquement que l'on revit autrefois, en trouvant par exemple sur certain livre d'heures de l'époque de Saint-Louis des miniatures étonnantes, nous montrant des champs de blé que l'on moissonne autour de la Sainte-Chapelle et une chasse au sanglier dans la forêt de Vincennes! Tandis que les invités jouissent de la plus absolue liberté pour aller à leur guise à travers le château, explorer la chapelle, et tant d'autres coins surprenants reconstitués par l'érudit et impeccable architecte de Chantilly, M. Daumet, le prince s'est assis dans un grand fauteuil près de la table de travail; chacun approche sa chaise et rétrécit le cercle autour de lui : c'est l'heure de la causerie.

» Anecdotes de toutes sortes, récits de batailles, contes joyeux, relations de voyage, exploits ou mésaventures de chasses, sont narrés par le duc d'Aumale de si merveilleuse façon que les heures passent, exquises, en l'écoutant, et rien n'est plus juste que le mot de Renan : « Nous autres, nous parlons; mais lui, il cause. »

» Je vais essayer de vous rapporter quelques-unes de ses histoires, parmi tant d'autres qui me reviennent en mémoire; mais avant, qu'il soit absolument entendu que je n'ai nullement la prétention de rendre l'humeur et le charme que le duc d'Aumale, sans compter, dépense et prodigue en vrai grand seigneur de l'esprit. »

» Ceci bien établi, n'est-ce pas, laissons la parole au donateur de Chantilly :

» Le plus ancien souvenir que je conserve du théâtre est celui-ci, dit le duc.

» J'étais tout petit et je jouais après dîner, aux pieds de ma mère, sur le tapis du salon, au Palais-Royal.

» Il devait être sept heures et demie du soir, car à cette époque l'on mangeait de bonne heure, et les spectacles commençaient à six heures.

» Mon père arriva dans la pièce et dit à ma mère : « Je vais emmener Henri voir Talma. »

» Il me prit dans ses bras, et, par le corridor qui reliait le Palais-Royal à la loge de la cour, me fit faire ma première entrée à la Comédie Française.

» Il m'installa dans un coin de la grande loge, en me recommandant d'être bien sage.

» Je le lui promis.

» Tout d'abord, je n'eus pas grand peine à tenir mon engagement, car j'étais ravi d'apercevoir (devant la rampe à quinquets) se promener de belles dames qui s'avançaient majestueusement pour raconter des choses que je ne comprenais pas, en faisant des gestes magnifiques!

» Hélas! à l'entrée de Talma, tout se gâta.

» Le sublime artiste jouait Oreste, et j'étais arrivé au moment « de ses fureurs! » Je me mis à pousser des cris horribles à la vue de cet homme terrifiant, et mon père n'eut que le temps de me rapporter au plus vite près de ma mère qui, avec beaucoup de peine, réussit à me consoler.

» Telle fut ma première et tragique apparition au Théâtre-Français... »

« La vraie fois qu'en temps de guerre je me suis surpris à frissonner, ce n'est pas quand j'ai entendu les premières balles me venir siffler aux oreilles.

» Non, cela, je le dis sans forfanterie, n'eut pas le don de m'émotionner beaucoup. L'impression nerveuse que je ressentis pendant une seconde et qui fit battre mon sang plus vite, est due, devinez à quoi?... *A une simple sonorité!*

» Je vais m'expliquer :

» Je venais d'arriver en Algérie et l'on m'avait confié une compagnie de vieux soldats tannés par le soleil, aguerris par nombre de combats.

» J'allais donc à la tête de mes hommes, impatient de leur montrer que j'avais le cœur placé au bon endroit, et radieux à l'idée d'entendre bientôt chanter la poudre.

» Nous étions arrivés à l'entrée d'une gorge boisée, quand je reçus, du quartier général, l'avis que nous devions nous tenir sur nos gardes.

» De nombreux Arabes étaient embusqués, nous annonçait-on, dans les rochers et les bouquets d'oliviers qui couvraient les versants de la montagne. Nous pouvions être attaqués d'un moment à l'autre.

» Je donnai l'ordre à ma troupe de vérifier ses armes et, tout à coup, j'éprouvai une sensation étrange.

» En effet, au lieu d'entendre, comme à l'exercice, la baguette sonner claire et vibrante au fond du fusil, en rebondissant sur l'acier du canon, j'entendis la baguette rendre un son sourd et presque étouffé en venant s'écraser contre le plomb de la balle. Cela dura le temps d'un éclair, mais ce bruit inusité me surprenant à l'improviste, fit passer en moi un tressaillement involontaire, car je me rendis compte que cette fois, c'était pour de bon que les fusils étaient chargés, je me sentis responsable de la vie de mes braves soldats, et il m'apparut que j'avais à défendre, pour une infime part, un coin de l'honneur de la France... »

» Hélas! en écoutant le duc d'Aumale, les heures se sont envolées; on annonce que les voitures sont prêtes, il faut retourner à Paris! »

C'était son premier tableau... (page 131)

XV. — Le duc d'Aumale amateur d'art

Un grand amateur d'art. — Paul Baudry. — Le panneau de Saint-Hubert. — Le type de la demeure d'un prince. — Une perle du maître d'Urbin. — Flamands d'Anvers et de Bruges. — « Je l'ai payé avec mes semaines! » — Un drapeau tricolore. — Victor Hugo et Benjamin-Constant. — Samson. — A propos de la Comédie-Française. — Sa troupe.

Le duc d'Aumale était un grand *amateur d'art*. Son château de Chantilly devint un prodigieux musée.

Le prince eut à cœur de suivre lui-même de très près l'œuvre d'aménagement, il voulut que tout portât sa marque intime : du reste, l'amour de l'art l'avait possédé très jeune.

Dans les loisirs que lui fit l'exil, le sentiment de la beauté des grandes œuvres lui devint une source d'infinie douceur. D'abord, sa passion ne fut guère qu'un généreux et fervent dilettantisme, mais le goût de l'étude le conduisit à tout pénétrer. Il en était résulté dans ses conceptions un très large éclectisme. Lui-même s'en expliquait, un jour, avec sa bonhomie enjouée :

« Puisque l'amour de l'art est un amour, il faut bien lui passer quelque faiblesse. On juge en critique, mais on reste amoureux de ce qu'on a critiqué. »

Le sujet de la conversation était, en ce moment, l'école de peinture flamande rapprochée des écoles italiennes. A l'ami qui tenait pour les Flamands, le prince finit par dire en souriant : « Vous avez certainement raison : les peintres sont très touchants. Je les admire; ils ont le sérieux, la conviction, la conscience autant que la belle humeur; ils sont tout près de notre humanité. Je reconnais toutes leurs vertus... Mais, dès que je vois un grand Italien, c'est plus fort que moi : je suis sous le charme absolu et je me laisse aller à ce charme. »

D'ailleurs, sans varier jamais, le duc d'Aumale ne permit point au goût de l'Italie, de déborder.

En effet, lui-même commanda à Paul Baudry le magnifique panneau de Saint-Hubert. Ce fut lui-même qui demanda à M. Paul Dubois de faire œuvre de statuaire équestre et de se charger d'exécuter la *statue du connétable de Montmorency*.

Sa volonté formelle était que son château réalisât en tout le type de la demeure d'un prince, soucieux de grouper autour de lui les souvenirs de sa race et, tout ensemble, de suivre les progrès de son temps. Les sculptures de Jean Goujon qui décoraient sa chapelle, l'enchantaient à bon droit; mais il était juste envers les productions de toutes les époques de notre art national, dont il pouvait montrer des spécimens choisis. Et l'on vient de voir que ses contemporains ne lui semblaient pas indignes de sa sympathie.

Ce n'était donc que dans ses aspirations de collectionneur, constituant un musée en règle, et des plus brillants qui soient, que ce qu'il appelait ses « secrètes tendresses italiennes » eût pu prédominer. Mais non. La finesse française sut encore ici se mettre en évidence. Le prince eut des chefs-d'œuvre de toutes les écoles, des portraits, des compositions historiques, des dessins, des morceaux sculptés inestimables. Il eut un Raphaël glorieux, d'exquisité parfaite — une des perles du maître d'Urbin. Il eut des Flamands d'Anvers et de Bruges.

Il eut des Français triés sur le volet, et les merveilles de nos artistes nationaux qu'il lui fut donné d'acquérir, emplirent de joie ses dernières années. Nulle part ne se trouvent des dessins de l'école de Clouet supérieurs à ceux de Chantilly. Et quel trésor que la série des miniatures de Jehan Fouquet exécutées pour Etienne Chevalier! Le prince, à les regarder, se transfigurait. Il les commentait avec éloquence. Il en soulignait judicieusement les moindres particularités.

Dans sa galerie de Chantilly, le prince gardait et montrait aux visiteurs, parmi ces grandes merveilles d'art, un tout vieux petit tableau ayant pour auteur le peintre Hippolyte Bellangé.

Ce tableau représentait un officier de grenadiers de la première République, un porte-drapeau, qui entraînait ses hommes en agitant le drapeau aux trois couleurs au-dessus de son chapeau bossué.

C'était son *premier tableau*. Il l'avait acquis à cause du drapeau, de ce drapeau tricolore qu'il aimait tant.

« Je l'ai acheté 200 francs, disait-il. *Je l'ai payé avec mes semaines !* »

Le duc d'Aumale aimait aussi beaucoup le théâtre. Il avait une prédilection particulière pour la Comédie-Française et l'Opéra.

Notre confrère, M. Jules Claretie, administrateur de la Comédie-Française a écrit, au sujet des rapports du prince avec la maison de Molière, ces lignes charmantes que nous reproduisons :

« ... Le duc d'Aumale (1), m'apparaît encore sous un jour plus particulier, et ce n'est pas un des côtés les moins originaux de sa physionomie que celui d'amateur d'art et de théâtre. Il me disait souvent avec sa bonne grâce habituelle :

— Je suis le doyen de vos abonnés!

» Il aimait profondément la Comédie-Française et il en rappe-

(1) *La vie à Paris. Le Temps*, mai 1897.

lait, en des causeries pleines de verve, des souvenirs qui échappaient même aux plus anciens de nos sociétaires. Il se revoyait, étant enfant, traversant, pour se rendre dans la loge royale — alors placée au centre du théâtre, faisant le milieu des premières loges — le couloir qui sert aujourd'hui de communication entre la salle et le foyer, et que décorent des bustes, portraits de comédiens ou de comédiennes, et des tableaux. En ce temps-là, c'était un corridor où, sur des banquettes, demeuraient assis les figurants, attendant le moment d'entrer en scène et le jeune duc éprouvait un sentiment à la fois de curiosité et de respect, à la vue de ces guerriers casqués, grecs ou romains, sommeillant à demi derrière leurs boucliers, ou se mouchant, tout en s'appuyant sur leurs lances.

» A dire vrai, la curiosité, et l'étonnement aussi, dominaient le respect chez l'élève de M. Cuvillier-Fleury. Comme son aîné le duc d'Orléans et comme ses frères, le jeune prince était plus volontiers romantique que classique, et c'était à la table du roi, dans les causeries de famille, des discussions littéraires où, en fils du dix-huitième siècle, Louis-Philippe tenait volontiers pour les tragédies de Voltaire, et les jeunes gens prenaient parti pour Victor Hugo et les drames d'Alexandre Dumas.

— Quand on donnera *Zaïre* ou *Mérope*, répondait le roi, vous verrez !

» En ces années mêmes, le duc d'Aumale, allant se promener le matin au bois de Boulogne avec son précepteur, y faisait d'ordinaire la rencontre d'un cavalier à l'air maussade et frileux — l'œil superbe — qui, en compagnie de Cuvillier-Fleury, cheminait sous les arbres et célébrait à haute voix les mérites d'Horace tout en fulminant contre Victor Hugo. Et ce passionné du poète latin, ce *traditionnel* forcené, militant et violent, était — chose extraordinaire — le peintre admirable de la *Barricade*, de la *Barque du Dante* et des *Deux Foscari*, Eugène Delacroix, byronien par la palette, classique par le cerveau.

» Le duc d'Aumale se rappelait encore Benjamin Constant, avec sa chevelure frisée, se rencontrant dans le cabinet de Louis-

Philippe avec les *semainiers* de la Comédie-Française, venant demander au roi du crédit pour le payement de leur loyer arriéré. Le Théâtre-Français, faisant partie du Palais-Royal, qui appartenait à la famille d'Orléans, Louis-Philippe se trouvait être le propriétaire de ses comédiens ordinaires, et ils n'étaient pas riches alors, ces comédiens illustres. Quelques-uns, comme Samson, demandaient à quitter la Comédie pour aller jouer au théâtre du Palais-Royal, afin de pouvoir subvenir aux besoins de leur famille, et ils étaient condamnés, par arrêt de justice, à rentrer au bercail, à reprendre leur rang dans la société.

» Louis-Philippe répondait aux *semainiers :*

— Donnez-moi de bonnes pièces, Messieurs, je vous donne quittance de votre loyer!

» Que demandait Benjamin Constant, qui jouait aussi, mais d'une autre manière que Samson?

» Et il y eut une heure où la Comédie-Française, si prospère aujourd'hui, se trouva près de sa fin. C'était au lendemain de la guerre. Durant le siège, les sociétaires à part entière s'étaient contentés de toucher quatre-vingts francs, cent francs au maximum, pour payer aux pensionnaires et aux employés tous les appointements au-dessous de trois mille francs. Ils imitaient en cela leurs anciens, les Desmousseaux, les Provost, les Geffroy, qui, à la fin de l'année, lorsqu'il n'y avait pas de bénéfices, point de *partage*, rapportaient une partie de leurs émoluments à la caisse pour payer le petit personnel du théâtre. Nobles souvenirs de l'histoire d'une glorieuse institution!

» Le duc d'Aumale avait, pour cette troupe choisie, des amabilités qui séduisaient et touchaient. Il s'intéressait à toute œuvre nouvelle, à un début, à une reprise, comparant le présent au passé, parlant de ce passé avec des émotions attendries, mais qui ne le rendaient aucunement injuste envers le présent, se préoccupant de toute manifestation nouvelle, me demandant, par exemple, pourquoi dans *Grisélidis* je n'avais pas copié les costumes sur la suite des peintures de la Royal Academy de Londres, disant à M. Mounet-Sully que, le jour où il jouerait

Othello, il le faudrait costumer, non pas en Turc, mais en Vénitien, le More étant commandant des galères de la sérénissime république. Il y a à Chantilly, entre autres merveilles, une délicieuse terre cuite de Tanagra, sous vitrine, une figurine drapée avec un art exquis. C'est le duc d'Aumale qui l'indiquait à Mlle Bartet, lorsque l'artiste étudiait son rôle d'*Antigone*.

» Il avait vu les contemporaines de Mlle Mars, et il me parlait de l'incomparable valeur de Mlle Reichenberg dans Agnès. Il avait vu jouer du Sedaine par les plus illustres, et rien ne lui semblait plus parfait que Mme Barretta dans cette Victorine, qu'a fait revivre Mme Sand. Un jour, il y eut une fête à Chantilly, qui plut infiniment au *doyen des abonnés* de la Comédie. Ce fut lorsqu'il invita les sociétaires à visiter, après déjeuner, le château qu'il venait de léguer à la France. Tous revinrent enchantés de son hospitalité sans hauteur, de son accueil d'une courtoisie charmante.

— *Monsieur le Prince* avait sa troupe, me dit-il quelques jours après, et la Comédie-Française a pu vraisemblablement se croire chez elle. Et même la troupe de Condé ne jouait pas seulement à Chantilly, mais en Normandie, en Picardie, en Flandre. Et le vainqueur de Rocroy ne pouvait arrêter ces *tournées !*

— Tâchez, ajoutait-il en souriant, de faire ce qu'il n'a pas fait! »

Il se tenait volontiers dans sa bibliothèque. (page 138)

XVI. — Le duc d'Aumale bibliophile

Un bibliophile. — Achat d'un fond. — Les compagnons habituels. — Les bibliophiles français. — Président d'honneur. — Les archives des Montmorency et des Condé. — Les manuscrits à miniatures. — Les *grandes heures* du duc de Berry.

Soldat, il le fut de naissance; bibliophile, il le fut par occasion, beaucoup parce qu'en exil l'inactivité ajoutait à son ennui. En 1861, il acheta tout le fond Cicongne trois cent mille francs : ce fut le noyau de la belle collection qu'il a léguée à l'Institut. Ce n'était point l'amateur superficiel qui relie ses livres et ne les lit pas; il les relisait plutôt et se prenait d'une sincère tendresse pour ceux qui avaient l'art de surtout le toucher, il avait une prédilection, pour les livres d'histoire. Il posséda bientôt en lettré, et non en grand seigneur, les ouvrages qu'il avait achetés. Ces livres devinrent ses compagnons habituels, et, dans leur commerce, se développa une passion qui ne fit que s'accroître à mesure qu'elle s'éclairait.

Il fut alors le bibliophile qui sait, qui raisonne, qui choisit avec à propos, mais sans esprit d'étroitesse. Il ne repoussa rien de ce qui lui semblait beau et attachant; il n'avait pas les partis-pris étroits de quelques gentilshommes amateurs, ni surtout leur morgue.

Il voulut être de la Société des *Bibliophiles français*. Et, à ce propos, citons une anecdote intéressante. Cette société, très fermée et qui ne se recrute que dans les aristocraties, avait à sa tête le baron Jérôme Pichon, qui vient de mourir. C'était un légitimiste ardent. Pouvait-il, sans danger pour sa foi, recevoir le fils du roi de la branche cadette? il s'ouvrit de ses scrupules au comte de Chambord, qui les apaisa.

Moins aristocratique par son recrutement, mais composée néanmoins de bibliophiles éclairés et sagaces, la Société des Amis des livres lui demanda d'accepter sa présidence d'honneur; il ne marchanda point son acceptation, trop heureux de se retrouver là avec le président effectif, son bon ami Paillet. Quand il rentra d'exil, ayant été le premier jour rendre visite à M. Carnot, siégé à l'Académie, il voulut, le soir même, nous l'avons vu plus haut, assister au dîner de la Société. Il y fut d'un entrain admirable, heureux de ces voix amies retrouvées.

La Société, qui le savait radieux de l'achat du psautier de Philippe-Auguste, le connaissait assez peu exclusif pour savoir aussi qu'un livre moderne ne lui causerait pas moins de joie. Elle chargea l'un des plus écoutés de nos bibliophiles, l'historien de la reliure, de refaire un livre qui en serait le pendant : les *Zouaves et Chasseurs à pied*, du duc d'Aumale, illustré de vignettes sur bois par l'excellent artiste Charles Morel. Ce fut un livre d'une modernité intense, et cependant fidèle aux plus belles traditions du passé. Le duc d'Aumale en fut si ravi, qu'il fit graver son portrait en colonel du 17e de ligne, et l'offrit à chacun des membres de la Société pour être joint à l'ouvrage.

On s'étonnera moins quand on connaîtra le duc d'Aumale

sous cet aspect, de sa première libéralité envers l'Académie. Son amour des livres rejaillissait sur ceux qui les font.

Le duc d'Aumale a trouvé dans l'héritage des princes de Condé, dans les archives des Montmorency et des Condé, un premier fond de livres et de manuscrits. Les archives ont été assez peu explorées. Le professeur Flammerment a dressé un inventaire qui donne à penser que les historiens y rencontreraient une mine presque égale à celle du fond de la bibliothèque nationale, d'où, depuis deux siècles, on extrait sans cesse des renseignements nouveaux. Anne de Montmorency avait une qualité rare au XVIe siècle : il conservait et classait tous ses papiers. Comme il a été l'homme le plus considérable de son temps, on devine quel intérêt offre sa correspondance. Quant aux archives des Condé, elles se composent de plus de 500 volumes. M. Allaire y a trouvé de précieux papiers, dont il s'est servi pour écrire son beau livre sur *La Bruyère dans la maison de Condé*.

Dans la collection de Chantilly se trouvent encore l'inventaire des palais du cardinal Mazarin, les comptes du roi Jean pendant sa captivité, le manuscrit des *Historiettes* de Tallemand des Réaux, des notes autographes de Montaigne, de Bossuet, de Racine, etc.

La collection des manuscrits à miniatures est mise hors de pair par les *Grandes Heures* du duc de Berry, que beaucoup d'amateurs tiennent pour le plus beau manuscrit connu. Le duc d'Aumale l'avait acquis dans de curieuses circonstances. Le manuscrit se trouvait entre les mains d'un bibliophile qui ne voulait pas s'en défaire. M. Edmond de Rothschild attendait patiemment la mort du propriétaire. Ce dernier vint à mourir. Alors les héritiers, ayant entendu dire que le duc d'Aumale était acheteur d'objets d'art, lui proposèrent les *Heures*. Le duc d'Aumale les obtint pour 25.000 francs.

On estime que le manuscrit serait vendu aujourd'hui un million.

Le duc d'Aumale aimait autant sa bibliothèque que ses objets d'art, pourtant si beaux et si nombreux.

Il se tenait volontiers dans sa bibliothèque, dont il connaissait fort bien tous les livres et même leur place.

— Tenez, là, disait-il, vous allez trouver un volume dans lequel il est parlé de ce que nous disons.

Et si on lui causait d'une édition spéciale :

— Elle est là, dans ce coin, à côté de telle autre édition.

On peut dire que ses livres étaient une seconde famille pour lui.

Prince de Condé.

XVII. — L'ECRIVAIN

Un écrivain distingué et un profond historien. — L'ouvrage sur les princes de la maison de Condé. — Le grand Condé.

Si le grand Condé avait choisi son historien, s'il avait désigné d'avance celui dont le récit fidèle pouvait soutenir la renommée de ses exploits, aurait-il jamais osé lui demander d'être à la fois un soldat et un écrivain; de pouvoir causer théologie avec Bossuet, architecture avec Mansart, sculpture avec Caysevox, jardins avec Lenôtre; de connaître également le monde, les arts et la guerre?

A défaut d'un homme si rare, Louis XIV avait pris pour

historiographes deux des plus beaux esprits de son temps, Racine et Boileau. Mais les deux poètes, égarés à la suite du roi dans les camps et dans l'histoire, semblaient aussi mal à leur aise dans leurs nouvelles fonctions que dans leurs habits de campagne : leur talent était dépaysé et leur simplicité prêta plus d'une fois à rire au héros même qui leur confiait le soin de sa gloire et les conviait au spectacle de ses conquêtes.

Plus heureux que Louis XIV, Condé devait trouver, dans un prince de sa race, un génie à la hauteur du sien pour retracer l'image de sa vie et peindre au vrai ses grandes actions. Après avoir été loué par Bossuet, il devait être raconté par le duc d'Aumale; et le vainqueur de Rocroy devait avoir pour historien le vainqueur de la Smalah.

Par une fortune que Condé n'aurait pu souhaiter, c'est un général, c'est un académicien, c'est le dernier de ses héritiers, qui, après avoir relevé le château de sa famille, écrit dans ce château même l'histoire de la famille éteinte et ranime, à deux siècles de distance, la noble et martiale figure de M. le Prince. A vingt-deux ans, ce fils de France a gagné, par un coup d'audace, sa première victoire en Afrique; à vingt-cinq ans, il était gouverneur de l'Algérie; et c'est lui qui vient avec l'autorité d'un soldat et d'un capitaine, nous décrire cette fameuse bataille de Rocroy, gagnée par un autre général de vingt-deux ans au début du règne de Louis XIV. C'est lui qui suit le duc d'Enghien au collège de Bourges de huit à quinze ans; à l'Académie royale, à seize ans; dans son gouvernement de Bourgogne, à dix-sept ans : et qui l'accompagne à la cour ainsi qu'à l'armée, jusqu'à ce qu'il nous montre enfin le grand Condé, protecteur éclairé des arts et des lettres, terminant en paix sa carrière dans la magnifique retraite de Chantilly. Le sujet était encore à traiter. Désormeaux, bibliothécaire et historiographe de la maison de Bourbon, a bien écrit au siècle dernier une Histoire de Louis de Bourbon en quatre volumes, qu'on lit aussi peu que les cinq volumes de son Histoire du maréchal de Luxembourg. L'Essai, publié à Londres, en 1807, par Louis-Joseph Bourbon, prince de

Condé, sur la vie du plus illustre de ses aïeux, n'est ni moins oublié, ni moins digne de l'être. L'Histoire de Coste n'est qu'une compilation. Seuls les mémoires contemporains gardent une valeur sérieuse aux yeux de la critique, mais ils n'offrent que des renseignements partiels et ne sont pas toujours d'accord.

Serviteur dévoué du pays natal, le duc d'Aumale a le droit d'être sévère pour celui que son humeur précipita dans une guerre impie. Mais, en se reportant à l'époque agitée et douloureuse de la nouvelle Fronde et de la guerre civile, l'historien du prince de Condé saura distinguer le capitaine toujours admirable de l'homme entraîné par ses passions dans une mauvaise cause. L'admiration qu'il éprouve pour son héros, la joie mêlée d'orgueil qu'il ressent à nous raconter ses exploits, ne se sépare pas, chez lui, du sentiment de l'indépendance et de la grandeur nationales. Il est impartial, il est intègre, sans cesser d'être dévoué à l'honneur de sa maison et de son pays. Et son impartialité nous touche d'autant plus que ce n'est pas l'impersonnalité voulue d'un Thucydide, qui est Athénien et qui l'oublie, qui est exilé et qui l'ignore, spectateur impassible des faits et des causes. M. le duc d'Aumale n'oublie ni son destin ni sa race : il n'essaie pas de s'abstraire lui-même de son livre, et l'équité de sa raison n'en est que plus haute, sa parole n'en est que plus sincère; et l'accent personnel du style nous fait mieux comprendre la conscience du savant, du critique et du juge. Son patriotisme l'éclaire et l'inspire.

Quand, après la bataille de Lens, M. le Prince, vainqueur de l'Espagne, est blessé sous les remparts de Furnes, l'historien semble presque regretter que la mort ne l'ait pas pris à cette heure, avant qu'il ait chassé de Paris le roi qu'il y ramenait naguère, et tourné son épée contre le royaume qu'il avait sauvé. « Une ligne de moins dans l'épaisseur de son pourpoint, ce héros disparaissait sans une ombre à sa gloire, laissant à sa patrie Rocroy, Nordlingen et la conquête du Rhin! »

Ce regret, qui traversa peut-être aussi l'âme orageuse du grand Condé, soit à Bruxelles, soit aux Dunes, dans les jours néfastes de la révolte et des revers, caractérise assez bien, ce me semble, l'historien, prince français, qui, continuant son livre sur la terre d'exil, aux lieux-mêmes où il l'avait commencé, terminait la dernière page par ces deux mots : « Vive la France! »

« En écrivant l'Histoire des princes de Condé, a dit un critique, M. le duc d'Aumale n'écrit pas tant les annales d'une famille illustre que les annales de son pays, une des grandes pages de notre histoire. Il n'a jamais pu se déshabituer de servir la France. Brusquement rejeté loin d'elle en 1848, il lui gardait, — malgré le déchirement, malgré la plaie, — le meilleur de sa pensée et de ses travaux.

» Son premier livre, écrit en exil, n'était pour ainsi dire que la continuation de sa vie de soldat.

» Ce livre, les *Zouaves et les Chasseurs à pied,* plein de verve et d'entrain, ramenait l'ancien colonel du 17ᵉ léger au milieu de ces fantassins alertes et intrépides, qu'il avait si vaillamment conduits en Afrique. C'est le souvenir de la Patrie qui le soutenait dans ses premières recherches sur les Condés et sur nos guerres du seizième siècle. C'est l'intérêt de sa sécurité, c'est la passion de sa grandeur qui le détournait un instant, en 1866, de ces mêmes recherches érudites et qui lui dictait, après Sadowa, la remarquable étude qu'il publia, l'année suivante, sur nos Institutions militaires. Mais ses conseils furent alors plus approuvés que suivis. Il a repris depuis 1871 la composition du grand ouvrage, qui ne sera pas le moindre titre du prince, du savant et de l'écrivain.

» Par la sûreté de l'information et l'abondance des documents, par la belle ordonnance du plan, comme par l'ampleur des développements et l'élévation de la pensée, l'*Histoire des princes de Condé* est une œuvre considérable, l'œuvre d'un Polybe plus brillant et non moins *pragmatique*. Aucun genre d'enseignement ne manque à la partie militaire de cette histoire. La chronologie et la topographie y sont d'une invariable exactitude. Les distances y sont mesurées, les heures comptées, les effectifs indiqués, les lieux et les mouvements des armées rendus visibles par des cartes et par des plans, sans parler des dépêches et des relations officielles, placées à la fin de chaque volume parmi les pièces justificatives. De ces archives, où, pendant deux siècles puisèrent à peine les biographes du prince de Condé, l'auteur a fait jaillir un récit d'une clarté, d'une agilité qui sent moins l'homme d'étude que l'homme d'action. Les faits s'enchaînent et s'éclairent naturellement les uns les autres. Pas une hypothèse hasardée; pas une assertion qui ne s'appuie sur une solide autorité. Sous la lettre des manuscrits, l'auteur saisit la réalité et la met en pleine lumière. Il sait voir. Il a l'imagination des évènements comme d'autres ont l'imagination des conjectures. »

« Ai-je assez dit », s'écriait Schérer, après avoir lu les premiers volumes de M. le duc d'Aumale, « ai-je assez dit combien ces pages m'ont charmé? combien j'y ai trouvé de raison et d'agrément? Mon Dieu! qu'il est Français celui-là : esprit clair, caractère chevaleresque, vif et touchant patriotisme! »

Ce ne sont pas seulement les faits qu'il retrouve, mais les hommes. Il a toute une galerie de soldats illustres, qui font cortège au prince de Condé : Guébriant, Gassion, Rantzau, Turenne, pour ne citer que les principaux.

Si le nom de Guébriant était encore connu, l'homme était à peu près ignoré avant que M. le duc d'Aumale ne dessinât ce noble et énergique profil. On ne peut plus oublier maintenant, grâce à lui, le gentilhomme breton, que Paris ne vit guère, car il vécut toujours aux armées; le buveur d'eau, qui menait au feu les terribles ivrognes du duc Bernhardt; le chef des pillards, qui ne prit jamais rien, ne demanda ni argent ni terres, et mourut pauvre, frappé d'un coup de canon devant l'ennemi, et nous ayant donné l'Alsace. A côté de lui, Gassion, le favori de Gustave-Adolphe « le plus actif, le plus clairvoyant des éclaireurs : reître avec la verve d'un Gascon », le type du général de cavalerie, un des plus audacieux et des plus utiles lieutenants du duc d'Enghien; — Rantzau, glorieusement mutilé sur vingt champs de bataille, et à qui « il ne restait rien d'entier que le cœur »; — enfin, le capitaine accompli, tout ensemble hardi et prudent, au regard calme, au front large et pensif : « le Pensieroso de Michel-Ange », Henri de la Tour d'Auvergne, Turenne. — Cinq mois après la bataille de Rocroy, le duc d'Enghien, accompagné de Rantzau, rejoignait le maréchal de Guébriant en Alsace. Il visitait Haguenau, Strasbourg, et s'arrêtait à Saverne. « De là, il pouvait contempler cette admirable plaine d'Alsace, qui était déjà terre de France et qu'il devait conserver à la Patrie, lorsque trente-deux ans plus tard, sur la fin de sa carrière, il recueillait la succession militaire de Turenne. » C'est un tableau sur lequel l'œil aime à se reposer.

C'est sur un tapis de verdure que le Grand-Duc... (page 146)

XVIII. — Le duc d'Aumale et la Russie

Une séance exceptionnelle à l'Académie française. — Le 10 octobre 1895. — Des hôtes de marque. — Grand-duc et Grande-duchesse. — Une allocution. — La Russie et la France.

Le 10 octobre 1895, une séance exceptionnelle avait lieu à l'Académie française; l'Institut recevait des hôtes de marque, le Grand-duc Constantin de Russie et la Grande-duchesse. Le Grand-duc qui entretient des relations suivies avec plusieurs membres de l'Institut, avait exprimé le désir d'assister à une séance de l'Académie française.

Les hôtes illustres étaient accompagnés de Mme la baronne de Torf, de M. Lobanof, ministre des Affaires étrangères et de M. de Traubenberg.

Ils furent reçus par le duc d'Aumale, directeur, assisté de MM. Paul Bourget, chancelier, et Gaston Boissier, secrétaire perpétuel.

Le duc d'Aumale adressa la charmante allocution suivante à la Grande-duchesse et au Grand-duc.

« Madame,

» Au nom de mes confrères, je remercie Votre Altesse Impériale d'avoir bien voulu ajouter à la solennité d'une séance exceptionnelle le charme de votre gracieuse présence.

» Monseigneur,

» L'Académie française se félicite de recevoir le président de la docte Académie de Saint-Pétersbourg. Le directeur, interprète des sentiments qui animent toute la compagnie, n'est pas moins heureux de souhaiter la bienvenue à un vrai poète, proche parent d'un auguste souverain, ami de la France.

» Vous trouverez ici, Madame et Monseigneur, des souvenirs qui vous sont chers. D'illustres visites ont précédé la vôtre. Le comte et la comtesse du Nord se sont assis à la place que vous occupez.

» Permettez-moi de quitter un moment le terrain académique, pour apporter ici un souvenir personnel.

» Il y a bien des années, le maréchal Bugeaud rappelait un de ses lieutenants des confins du désert, et le chargeait de présenter quelques-unes de nos troupes à un fils de l'empereur de Russie, qui venait de débarquer à Alger.

» Le soleil de juin, déjà brûlant, avait cependant laissé à la Mitidja sa parure de printemps. C'est sur un tapis de verdure que le Grand-duc, lieutenant de vaisseau, passa une revue qui ne manquait pas d'originalité. Les zouaves, rentrés la veille d'une longue et laborieuse campagne, avaient conservé leurs haillons de guerre.

» Le jeune officier de marine était le père de Votre Altesse Impériale et celui qui avait l'honneur de lui présenter ses glorieuses bandes africaines a aujourd'hui le plaisir, Madame et Monseigneur, de vous inviter à prendre séance au milieu de l'Académie française.

. . . .

Emue au-delà de toute expression par les charmants souvenirs évoqués devant elle, Son Altesse Impériale répondit quelques mots de remerciements. Elle prit ensuite un grand plaisir à la lecture faite par Mgr le duc d'Aumale d'un chapitre de son *Histoire des princes de Condé*, intitulé : *Les derniers moments de Condé.*

Avant de se retirer, le Grand-duc et la Grande-duchesse allèrent visiter la salle des séances solennelles, qui est située, on le sait, sous la coupole de l'Institut.

Il leur parle de son fils, fourrier dans un régiment d'Afrique... (page 149)

XIX. — Souvenirs et anecdotes

Un choix de souvenirs. — Au moment de partir pour l'Afrique. — Un paysan et son fils. — Après un attentat. — La rencontre d'un bûcheron. — Une visite à Londres. — A l'Hôtel de Flandre. — Devant une esquisse du peintre Detaille. — Une conversation avec Taine. — Une soirée de gala. — Le commandant Patrice de Mac-Mahon. — A l'Opéra et à la Comédie-Française. — « Mon général. »

Les souvenirs et les anecdotes sur le duc d'Aumale sont si nombreux, que nous avons dû forcément faire un choix. Nous avons reproduit, ici, d'après des plumes autorisées, une partie de ce que nous avons pensé être de plus typique, et pouvant nous montrer ce que valait l'homme privé et l'homme public, le soldat et le citoyen.

Un jour, au moment de partir pour l'Afrique, d'Aumale se promenait à cheval avec un aide de camp, dans les environs de Marseille ou de Toulon. Tout à coup un paysan, voyant deux officiers en petite tenue, s'approche, et, avec cette naïveté qui fait croire à bien des gens du peuple que tous les militaires se connaissent entre eux, il leur parle de son fils, fourrier dans un régiment d'Afrique.

« Le prince, que cela intéresse et amuse, feint de connaître le fourrier, et fait jaser le père. Il en obtient des renseignements assez complets pour retrouver le jeune homme en Afrique.

» Quelques mois plus tard, il écrivait lui-même au bonhomme pour lui annoncer que son fils se portait bien, qu'il était sergent-major, et que son ami, le fils du roi Louis-Philippe, se chargeait de son avancement » (1).

Le duc d'Aumale avait des manières très simples. Au milieu du luxe de Chantilly, il avait conservé les habitudes des camps; il couchait sur un lit de sangle, et ce n'était pas un spectacle banal, après des dîners somptueux et cérémonieux, de le voir verser sa tasse de café dans un verre avec du cognac, pour prendre le vulgaire mazagran, comme au service et au bivouac.

Il avait l'esprit facile et naturel. Le général Schmitz citait de lui ce bon mot, après l'attentat d'Orsini : Quelqu'un lui disait, faisant allusion au sang-froid de Napoléon III :

« L'empereur a été très bien ! »

Le prince répondit :

— Oui, comme mon père, chaque fois qu'on a tenté de l'assassiner; mais, attendez; moins de huit jours après, dans ces cas-là, mon père ne manquait pas de commettre une grosse faute.

En 1848, M. J. J. Weiss, qui voyageait en Allemagne, avait fait la rencontre, près de Dannemarie, d'un bûcheron, ancien soldat français, qui lui raconta son histoire :

« J'étais, lui dit-il, du 17e léger, et le duc d'Aumale était mon colonel. C'était un beau régiment, allez, et il avait un beau colonel ! Je ne me doutais guère en ce temps-là que je mourrais allemand. »

Le brave alsacien choqua son verre contre celui du voyageur

(1) Hippolyte Castille. Portraits historiques.

français, en disant encore : « A la France et à mon ancien colonel, le duc d'Aumale ! »

« Je me souviens, raconte M. Louis de Meuville, de la visite que je lui fis à Londres, en novembre 1886, dans l'hôtel qu'il venait d'acheter, Enismore Gardens.

» Il se tenait dans un petit bureau, au fond d'une galerie, assis devant une table couverte de papiers, ayant en face de lui la comtesse de Clinchamps, qui fut la compagne fidèle de ses travaux, et, à une table voisine, le vicomte Perrot de Chezelles. Le prince, en costume du matin, avait une couverture sur les jambes, et il était fort occupé à classer des papiers. Il me reçut avec une extrême affabilité, et, comme je lui parlais de Chantilly, il me raconta ses souvenirs de jeunesse, comment le duc de Bourbon, qui était son parrain, l'avait désigné comme son héritier à Chantilly, par son affection particulière et ses attentions; si bien que les serviteurs désignaient couramment les deux princes sous la dénomination de « monseigneur parrain » et « monseigneur filleul ».

» Puis il me parla du duc de Bourbon, père du précédent, qui avait des boutades extraordinaires et profitait de ce qu'on lui trouvait l'esprit un peu dérangé pour faire de sévères plaisanteries.

» C'est lui qui, étant forcé de subir, en 1814, la présentation du prince de Talleyrand, sous le nom de prince de Bénévent, répondit :

— Bénévent! Vos terres sont voisines, je crois, de celles du Saint-Père? Si vous le voyez, dites-lui donc de se méfier d'un certain évêque d'Autun, qui est bien le plus grand coquin que je connaisse!

» Et le duc d'Aumale contait cela avec une finesse incomparable. Il me demanda de ne pas publier ces anecdotes parce qu'il comptait s'en servir. J'ai tenu parole. »

M. Jules Claretie, le savant administrateur de la *Comédie Française*, dans une de ses intéressantes chroniques (1), nous a

(1) *La Vie à Paris*. Journal *le Temps*, mai 1897.

raconté sur le prince un souvenir patriotique, datant de la guerre :

« Le 4 septembre 1870, j'étais à Bruxelles, et je revenais du champ de bataille de Sedan, lorsqu'à l'*Hôtel de Flandre*, il nous fut donné de voir le prince de Joinville, le duc d'Aumale et le duc de Chartres. Je n'ai rien oublié de cette journée pleine d'angoisses et de douleur, pendant laquelle nous attendions des nouvelles de Paris.

» J'ai présent encore à la pensée la tristesse et la colère du duc d'Aumale, parlant de ces armées françaises vaincues, mal commandées, livrées au cercle de canons de M. de Moltke. Et l'impatience du duc de Chartres, répétant : « Je ne suis pas un prétendant, moi, je ne suis qu'un soldat et je ne demande qu'une chose, à rentrer en France et à me faire casser la tête pour mon pays ! » Et le regard mélancolique du prince de Joinville, hochant la tête devant tous ces atroces malheurs !

» Le duc d'Aumale s'animait et retrouvait un éclair de joie lorsqu'il racontait l'épisode de Wissembourg : le brave général Pellé, remplaçant le général Douai, faisant mettre les drapeaux au centre de la division décimée, et battant ainsi en retraite, sous les balles.

— On dirait, répétait le duc d'Aumale, un épisode de Valmy !

» Tout à coup, dans une poignante explosion de désespoir, arpentant à grands pas la chambre d'hôtel où nous nous trouvions :

— Quelle horreur ! dit-il, violemment. La nation, la nation comme l'armée, conduite ainsi à un coupe-gorge ! Un peuple qui pendant dix-huit ans supporte cela ! Un peuple qui a fait 89, qui a fait 92, qui a fait 1830...

» Il hésita un moment ou plutôt il n'hésita pas, il frappa dans ses mains et, comme sautant une sorte de fossé, avec une expression superbe et la voix vibrante :

» ... Qui a fait 48?

» Il oubliait tout, il ne se souvenait que de la France ! Il ne voyait que le drapeau, le *drapeau chéri*, le tricolore du petit tableau de Bellangé. Et je ne sais pas de cri d'indignation patriotique plus poignant que celui-là. »

Le prince, capable d'une telle inspiration et d'un désintéressement politique aussi admirable, quand la Patrie est en jeu, devait avoir, dans toutes les circonstances de la vie militaire, la même attitude simple et crâne tout à la fois. Le jeune officier de l'armée d'Afrique en avait surtout donné l'exemple, le jour où la Smalah d'Abd-el-Kader fut conquise.

On a raconté en effet que, vers la fin de sa vie, recevant à Chantilly quelques collègues de l'Institut, le duc d'Aumale s'arrêta avec eux devant une esquisse de Detaille, qui le représentait lui-même à vingt ans, au moment où il chargeait un parti d'Arabes. Quelques chasseurs d'Afrique paraissaient courir devant lui droit à l'ennemi. Comme on s'extasiait sur l'œuvre du peintre :

— Oui, sans doute, dit le glorieux soldat, le tableau de Detaille est très bien. Mais, soit dit sans vanité, si j'ai quelquefois chargé comme cela, il n'y avait personne en avant... »

Et, pour ne pas avoir l'air de se vanter, il ajoutait :

— J'avais un cheval irlandais qui était très vif.

A un peintre bien connu, — est-ce Bonnat? est-ce Henri Caïn? est-ce Benjamin Constant? — le duc d'Aumale conta un après-midi l'anecdote suivante, qui ne manque pas de saveur :

« Il était au collège Henri IV tout comme un simple fils de bourgeois, et il avait pour voisin un turbulent garçon, que l'on désignait sous le sobriquet de Piffard, à cause de son nez. Ce Piffard n'était autre qu'Emile Augier. Tous deux s'étaient liés d'amitié et échangeaient, aux heures d'étude, de longues conversations, qui, un jour, finirent par lasser la patience du maître.

— Savez-vous, Messieurs, leur dit-il d'un ton sévère, où vous mènera votre vilain défaut de bavardage? Rappelez-vous Fabre, un bon petit garçon, mais un bavard endurci. Voulez-vous savoir ce qu'il est devenu? Et, comme l'un des deux collégiens questionnait timidement le maître d'études sur le sort de Fabre, ce dernier ajouta :

» Il est devenu deuxième piston à la Porte-Saint-Martin!

» Le jeune duc d'Aumale et Emile Augier cessèrent, à partir de ce jour, de bavarder en classe. Par exemple, ils se rattrapèrent aux heures de récréation ».

Le duc d'Aumale était, on le sait, un merveilleux et inépuisable anecdotier. Un jour qu'il causait de son père avec Taine, le prince dit à l'écrivain :

« Dans votre *Histoire de la Révolution*, vous rapportez un détail qui m'a fort amusé. Je vais vous amuser à mon tour par la suite que ce détail comporte, et que vous ignorez sans doute.

» Vous racontez que ce fut mon père, alors général, qui vint annoncer au ministre de la guerre, de la part de Dumouriez, la victoire de Valmy. Mon père rencontra Danton dans le cabinet du ministre. Et, comme le jeune général parlait beaucoup, Danton lui frappa sur l'épaule, en lui disant : « Vous allez vous compromettre, mon jeune ami; retournez vite aux camps! Mais, comme vous m'intéressez beaucoup, venez me voir demain, avant votre départ, au ministère de la Justice. Mon père rendit en effet visite à Danton, et vous avez fait de leur entrevue un récit plein de verve. Mais, maintenant, laissez-moi compléter votre anecdote.

» Lorsque Louis-Philippe, devenu roi, donna sa première soirée de gala, quelqu'un lui frappa sur l'épaule, comme avait fait Danton, jadis. C'était précisément l'huissier qui l'avait introduit chez le célèbre révolutionnaire. Et le duc d'Aumale ajouta avec bonne humeur, mais avec une pointe de mélancolie : « Les grands hommes disparaissent, les rois s'en vont, mais les huissiers restent. »

On peut citer une phrase du duc d'Aumale, qui est du plus pur patriotisme.

C'est à propos du mariage de sa petite-nièce, Hélène d'Orléans, avec Patrick de Mac-Mahon, fils du maréchal : « Puisque nous ne pouvons pas donner nos fils à l'armée, dit-il, au moins lui donnons-nous nos filles ! »

Un jour, un général disait en parlant du duc d'Aumale :

« Il y a en lui du cheval arabe. »

Et comme son interlocuteur s'étonnait :

— Oui, ajouta-t-il, le cheval arabe n'a point d'allures à l'écurie, mais dès qu'il est harnaché, il est superbe!

En effet, le duc d'Aumale, atteint d'une faiblesse aux jambes, qu'il avait grêles, paraissait au repos cassé et vieux; mais au moindre éveil, dès qu'une belle idée, une circonstance se présentait à lui, sa taille redressée prenait une attitude superbe à la fois militaire et princière.

Mme Sarah Bernhardt a raconté aussi des souvenirs qui se rapportent à l'enfance du duc.

« La dernière fois, dit-elle, que je vis le duc d'Aumale dans ma loge (1), il se passa un incident assez curieux dont Mme Guérard, ma vieille amie, ma compagne fidèle, a été l'héroïne. Mme Guérard est née à Triel, à deux pas de la maison où vécut longtemps mon ami regretté Hector Pessard. Il y a un nombre d'années considérable, celle qui devait devenir Mme Guérard était une petite paysanne de dix ans, conduisant les vaches au pré et n'aspirant à rien plus qu'à devenir un jour la femme d'un brave cultivateur.

» Un matin, elle voit arriver en poste un garçonnet de son âge, coquettement vêtu, qui venait du château de Rambouillet, se rendant à Paris.

» En entrant à Triel, la voiture s'arrêta. Le garçonnet en descendit, et, s'adressant à la petite paysanne :

» — Mademoiselle, lui dit-il, en se découvrant, voulez-vous m'indiquer une auberge où je puisse prendre un verre d'eau?

(1) Rappelons ici que le duc d'Aumale aimait beaucoup le théâtre. Il était un habitué de l'Opéra et de la Comédie-Française : on le voyait peut-être plus souvent dans ce dernier théâtre que dans le premier.

Il assistait régulièrement aux premières représentations de la Maison de Molière; il occupait alors la première baignoire de droite, vue de la scène, celle qui est contiguë à l'avant-scène de l'administrateur général. Il ne manquait pas d'applaudir chaleureusement un confrère de l'Académie française ou tel auteur qui pouvait aspirer à le devenir, quand l'œuvre représentée lui plaisait. Parmi les auteurs classiques, le duc d'Aumale avait une préférence marquée pour Corneille et, parmi les contemporains, pour Alfred de Musset et Emile Augier.

— Ne vous dérangez pas, mon p'tit monsieur, répondit la fillette, je vais aller vous en chercher, moi, de l'eau.

» Et, un instant plus tard, la fillette tendait un verre plein d'une eau cristalline au garçonnet, qui le vidait jusqu'à la dernière goutte, non sans avoir chaudement remercié la petite paysanne du service qu'elle lui avait rendu. Puis le garçonnet remonta dans sa chaise de poste, qui fila rapide vers Paris.

» Ce garçonnet était le duc d'Aumale.

» Quand la voiture se fut éloignée, la petite villageoise resta soucieuse sur la route, songeant à ce jeune prince si élégant, qui lui avait parlé avec tant de bonté.

— Et elle se dit qu'elle ne serait pas une paysanne, qu'elle allait s'instruire et qu'un jour, elle pourrait rappeler au royal voyageur qu'elle l'avait rencontré à Triel.

» Et la petite fille se mit bravement au travail. La nuit, ardente à l'étude, elle dévorait des livres, si bien qu'elle passa l'un après l'autre tous ses examens.

» Elle était charmante, d'une distinction native, et devint la femme de M. Guérard, un homme d'un esprit supérieur.

» C'est au passage du duc d'Aumale à Triel que la paysanne dut sa métamorphose.

» Une seule personne connaissait cette histoire, c'est moi, dit Sarah Bernhardt, et la dernière fois que le duc d'Aumale vint dans ma loge, je la lui racontai en présence de Mme Guérard.

» Le duc d'Aumale se leva alors, s'approcha de Mme Guérard et lui dit, en lui baisant longuement la main :

» — Je me souviens parfaitement de la petite paysanne de Triel et de l'excellence de l'eau qu'elle m'a offerte. Je ne croyais pas avoir le plaisir de la retrouver soixante ans plus tard, dans la loge de l'artiste que j'aime le mieux.

» Puis, souriant, le prince ajouta :

» Vous n'avez pas soif à votre tour? »

Ecoutons maintenant M. Zola raconter d'une façon charmante la visite qu'il avait faite au duc d'Aumale à Chantilly.

« J'étais candidat au fauteuil d'Emile Augier; je devais au duc d'Aumale la visite réglementaire. Je lui écrivis pour lui demander son jour et son heure. Il me répondit par une invitation à déjeuner le dimanche suivant, à Chantilly.

» A la gare d'arrivée, je rencontrai Bardoux, l'ancien ministre, qui avait été sur le point de me décorer au temps de mes premières luttes. Cette rencontre me mit à l'aise. J'allais donc me trouver en pays de connaissance! D'ailleurs, l'accueil du duc d'Aumale fut comme un rayon de soleil, mettant dans cette intimité forcée de quelques heures une bonne grâce cordiale et franche qui me parut tout à fait charmante.

» Bardoux était candidat à l'Académie des inscriptions et belles-lettres; j'étais, moi, candidat à l'Académie française; nous nous trouvions chez le donataire de Chantilly. Eh bien! il se passa ce fait significatif qu'on ne souffla pas mot de l'Institut. Le prince se montrait d'un tact exquis. Et ce fut bien mieux lorsque les premières politesses échangées, on se mit à causer.

» Le duc d'Aumale me parla d'art aussitôt, me rappelant les campagnes que j'avais faites en faveur de Manet. « — Je vous ai » lu et suivi, me dit-il; je n'ai rien de Manet à vous montrer, » mais je ne profite pas moins de l'occasion pour vous dire que » j'ai su apprécier certaines vérités qui sont sorties de votre » plume à propos de l'œuvre de l'artiste. » Et il me conduisit à des toiles qui lui paraissaient satisfaire mes goûts particuliers en art. J'étais touché de l'attention, me sentant tout à coup libre avec ce dilettante qui mettait tant de grâce, tant de finesse à préparer des terrains de conversation où nous pouvions nous rencontrer lui et moi et nous trouver à peu près du même avis.

» Je me rappelle qu'il me conduisit dans une salle toute tapissée et décorée dans le style du dix-huitième siècle, et qu'il m'y parla de mon ami Edmond de Goncourt.

» — M. de Goncourt est resté longuement dans cette salle à causer avec moi, me dit-il. Nous n'avons pas été d'accord sur certains détails concernant l'architecture des boiseries. Mais il y a tant à dire sur le dix-huitième siècle!

» Bref, il fut d'une amabilité extrême et même séduisant. A midi, on se mit à table. Je revois cette table étroite et longue, très longue, au bout de laquelle il s'asseyait tout seul. Les personnes, auxquelles il réservait les places d'honneur, s'asseyaient à sa droite et à sa gauche, mais de façon à se trouver à la tête des deux rangées qui prenaient toute la longueur de la table. Le prince plaça Bardoux à sa droite. Je me trouvais assis à côté de Bardoux.

» Le déjeuner, très simple, très cordial, dura une heure environ. Puis on alla prendre le café dans une des salles de la galerie. Là, le prince bourra sa pipe, une pipe courte de soldat, une pipe de vieux « grognard ». Et comme il l'allumait, il me dit, en me montrant la pipe et le tabac, qui était du scaferlati ordinaire :

» — Comme ça, on sait ce qu'on fume!

» Et la simplicité de l'attitude, le mot si naturel, si bon enfant et le geste particulier qui accompagnait ce mot, tout cela me rappela Flaubert, que j'avais cru revoir comme dans un éclair.

» Et c'est le mot qui s'applique au duc d'Aumale; il était naturel et simple, d'une simplicité qui charmait. Il racontait avec beaucoup d'agrément, avait le mot pour rire et le plus souvent le mot juste, et tout cela gentiment, tranquillement, sans la moindre affectation. Il était resté beaucoup du militaire chez lui très certainement, mais aussi du Parisien du temps de Louis-Philippe. Il était éminemment « Louis-Philippe » dans ses manières, dans ses goûts, dans sa conversation. On retrouvait l'empreinte de ce temps-là jusque dans sa pensée. Cela m'a d'autant plus frappé que j'ai grandi sous l'aile de quelques-uns de mes parents qui avaient gardé toutes les tournures de cette époque. En voyant le prince, ces mille souvenirs d'enfance me revinrent en mémoire. Personne ne m'a jamais fait penser à la société française sous le règne de Louis-Philippe comme le duc d'Aumale...

» En sa qualité d'ancien soldat d'Afrique, le duc d'Aumale avait une sainte horreur du Parisien — en tant que militaire bien entendu — du Parisien farceur, fricoteur et chapardeur. Installant un jour un jeune officier dans son commandement, il crut utile de lui donner quelques conseils et entre autres celui-ci :

— S'il te faut un sous-officier pour un service de poste avancé, demande à celui qu'on te recommandera si tu peux compter sur lui. S'il te répond, avec une certaine élégance : « Mon colonel, je saurai faire mon devoir », demandes-en un autre : c'est un Parisien. Si au contraire il te dit : « Ma colonel beut compter sur moi », prends-le : c'est un Alsacien. Dans toute ma carrière, j'ai reconnu qu'il n'y avait pas de meilleurs sous-officiers que les Alsaciens. »

» Je me rappellerai toujours les quelques heures que je passai en compagnie du duc d'Aumale à Bade, un an avant la guerre néfaste, a raconté M. Pierre Véron :

« Amédée Achard, qui était un de ses fidèles, m'avait dit :

» Le duc voudrait vous remercier de l'insistance avec laquelle vous combattez, dans le Charivari, les lois d'exil dont il est victime, de par le bon plaisir impérial.

» Ce fut le point de départ d'une conversation simple, courtoise, affectueuse même, qu'un hasard finit par mettre tout à fait en verve de gaieté.

» Le prince avait été lointainement élève au collège Henri IV, où plus tard je fus potache à mon tour. Ayant je ne sais comment fait allusion à cette communauté de culottes usées sur les mêmes bancs à des dates différentes, je vis soudain la figure de mon interlocuteur s'illuminer de gaminerie. Cinq minutes auparavant, c'était déjà presque un vieillard, car la terrible goutte, qui vient de l'emporter, le soumettait précisément à un accès douloureux. Mais, au seul nom du collège Henri IV, il sembla redevenir l'écolier de la quinzième année et, joyeusement, simplement, voilà qu'il se mit à conter toutes les espiègles anecdotes où revivaient, dans sa mémoire, les professeurs turlupinés, les cigarettes fumées en cachette dans le réduit que vous savez, les brimades, les gambades. C'était charmant, en vérité, ces propos évoqués sans ombre d'étiquette par l'exilé redevenu simple collégien. »

Nous trouvons encore sous l'élégante plume de M. Jules Claretie (1) un récit qu'il avait entendu de la bouche du maître peintre Bonnat.

« Bonnat, dit-il, ne parle qu'avec un respect attendri de ce duc, gentilhomme et soldat, qui lui contait admirablement de si alertes et si vaillantes histoires, bien enlevées, spirituelles et très françaises : souvenirs de guerre, historiettes africaines, où la moindre anecdote, contée en fumant, dans les entr'actes de la pose, prenait son tour héroïque, où l'émotion de la bataille se mêlait au ressouvenir du bivouac.

» C'était le moment où le général Farre venait de supprimer les tambours dans l'armée française.

— Ma foi, disait le duc d'Aumale, assis sur le canapé du peintre et roulant une cigarette, je la regrette cette peau d'âne qui battait si crânement la charge et dont les *ra* et les *fla* répondaient sourdement à la crépitation de la fusillade!...

»... J'aimais les tambours. Il y a toujours un alerte *tapin* dans toute victoire française. Et puis, c'est peut-être de l'égoïsme! je n'ai jamais oublié que je dois au tambour-major de mon régiment d'avoir gardé, de Marseille à Paris, ma réputation intacte d'orateur... Oui, voici l'histoire : je revenais d'Afrique avec mon régiment. Il s'était bien battu; j'en étais très fier, et, sur le chemin, depuis le port de débarquement jusqu'ici, toutes les municipalités venaient au-devant de nous et nous couvraient de toutes espèces de fleurs, saus oublier les fleurs de rhétorique. Les discours pleuvaient : discours des préfets et des maires, discours des professeurs, discours des magistrats... J'écoutais tous ces discours, et lorsque je commençais à prendre la parole...

« Monsieur le maire » ou « monsieur le préfet », tout aussitôt mon bon et intelligent tambour-major levait sa canne... un roulement de tambours couvrait ma voix... rrran! je saluais, on acclamait mes soldats! Et j'ai traversé la France ainsi, sans avoir à prononcer une harangue.

» Puis, après avoir souri, le peintre se sentait remué et touché

(1) *La Vie à Paris* (1882), pages 285, 286.

au vif, avec cette « petite larme » dont perle Sterne, au bout des cils, lorsque le duc ajoutait d'un autre ton :

» — Mon tambour-major!... C'était un brave! Il s'est fait tuer vaillamment en Crimée!... avec tant d'autres! »

Voici en quels termes le duc d'Aumale répondait à un écrivain de talent, qui venait de tracer de lui un portrait élogieux :

Orléans-House, 25 septembre 1869.

« Monsieur,

» J'ai un peu hésité à vous écrire. Vous avez fait de moi un portrait si flatteur que j'éprouve quelque embarras à vous remercier; mais il est un point sur lequel je puis, sans fausse modestie, vous dire que vous m'avez bien jugé. Oui, *j'aime la France, je l'aime passionnément.* Et quand vous rappelez à son souvenir ceux qui l'ont servie et qui ne vivent que pour elle, quand vous demandez que les portes de la Patrie soient ouvertes à tous ses enfants, vous m'allez au cœur, et j'ai le droit de vous tendre la main, en vous disant : merci.

» Henri D'ORLÉANS. »

Un souvenir du duc d'Aumale pour les Alsaciens-Lorrains :

Patriote avant tout, même dans les circonstances pénibles de son existence, il n'oubliait pas l'amputation de l'Alsace.

A deux députés protestataires du Reichstag, qui, au moment de son expulsion de France, lui avaient écrit pour lui exprimer leurs sympathies, il répondait :

« Merci de votre lettre, j'en suis profondément touché.

» Conservez intacts vos sentiments français. C'est notre premier devoir à nous tous exilés.

» Espérons de meilleurs jours. »

On sait que le splendide domaine de Zucco appartenait au duc d'Aumale. Il s'y rendait souvent.

« Là, a dit M. René Bazin, celui qui fut avant tout un soldat, un lettré, et que la postérité se représentera plus volontiers écrivant l'histoire des Condé dans le décor majestueux de Chantilly, ou chargeant à la tête de ses escadrons contre la smalah d'Abd-el-

Kader, apparaissait sous un jour nouveau. Il devint agronome...

» Presque chaque matin, M. le duc d'Aumale montait à cheval, la carabine pendue à l'arçon de la selle, et prenait la direction de la montagne ou de la plaine. Il montait un petit cheval noir, de pied très sûr, et s'en allait, accompagné de deux ou trois de ses gardes, inspecter les plantations récentes, les travaux commencés, l'état de ses récoltes, qui se levaient de la terre ou pendaient aux branches. Il raisonnait de ces choses en agriculteur consommé. Les gens des communes voisines, de Giardineli, de Montelepre, de Terracine, le reconnaissaient de loin et venaient à sa rencontre, en levant leur bonnet de laine rouge, pour lui parler, et aussi, il faut bien le dire, pour l'intéresser à leurs affaires. Il les connaissait tous par leur nom et était populaire parmi eux...

» ... M. le duc d'Aumale aimait le Zucco, et, comme je l'ai dit, il l'aimait pour la solitude et la sauvagerie virgilienne, c'est-à-dire modérée, de ce coin privilégié de la terre. La poésie du paysage se révélait tout entière à cet esprit occupé, semble-t-il, d'autres soins et d'autres recherches d'art. Il écrivait à l'un de ses amis, en 1892 : « Ce site est charmant, mon cher ami. Que j'aimerais à vous montrer mes oliviers, mes orangers et mes belles vignes ! Ce sera pour une autre fois, mon séjour touche à sa fin... Et l'an dernier, dans une lettre, l'admiration grandit encore:

» Le coin d'où je vous écris, dit-il, est adorable. Je le quitterai à regret. »

Il était de règle d'appeler le duc « Monseigneur » et « Votre » ou « Son Altesse », et nul n'y manquait dans son entourage. Or, ces titres le laissaient absolument froid. Mais quiconque lui disait simplement : « Mon général », était sûr d'être écouté favorablement.

On avait remarqué cette préférence du prince, et un jour quelqu'un lui demanda si elle était voulue. « Parfaitement, répondit le duc en souriant. — Alors, elle a un motif? — N'en doutez pas, répondit le prince. Voyez-vous, l'on tient certainement beaucoup à ce que l'on possède par héritage; mais l'on tient encore bien davantage à ce que l'on ne doit qu'à soi-même ! »

Dreux, chapelle Saint-Louis.

XX. — LA MORT ET LES FUNÉRAILLES DU DUC D'AUMALE

En Sicile. — La catastrophe de la rue Jean-Goujon. — La mort du duc. — Une lettre. — Les funérailles à Palerme. — A Paris, à la Madeleine. — Une imposante cérémonie.

C'est dans son domaine de Zucco (1), en Sicile, que le duc d'Aumale est mort au commencement de mai 1897. Il a été frappé soudainement d'une paralysie cardiaque.

Le duc d'Aumale souffrait depuis quelque temps déjà d'attaques de goutte assez douloureuses, qui pourtant ne l'empêchaient pas de se rendre, chaque année, dans ses magnifiques vignobles.

Le duc d'Aumale se trouvait en Sicile depuis plus d'un mois. Suivant sa coutume, il avait passé par Rome sans s'y arrêter, ne voulant s'exposer à froisser ni le roi, ni le pape. Le duc et la

(1) La propriété de Zucco, qui vaut près de 4 millions, est à trois quarts d'heure, en chemin de fer, de Palerme. C'est la deuxième station sur la ligne de Palerme-Trapani.

duchesse d'Aoste avaient été tout récemment ses hôtes à Zucco et, à leur retour à Rome, Leurs Altesses racontaient avec plaisir l'accueil plein de cordialité qui leur avait été fait, ainsi que leur joie d'avoir vu le duc moins souffrant et d'une humeur pleine de charme et d'enjouement.

Il est hors de doute que l'effrayante catastrophe de la rue Jean-Goujon, et surtout la nouvelle de la mort de la duchesse d'Alençon, ont produit sur le cœur du duc d'Aumale une impression des plus poignantes, dont le contre-coup s'est traduit par l'attaque de paralysie à laquelle il a succombé.

Ce fut au retour d'une promenade à cheval, dans la soirée, que le duc apprit le désastre.

Le soir, il se mit au lit à son heure habituelle, c'est-à-dire à minuit, après avoir longuement conversé avec sa sœur, la princesse Clémentine, avec la duchesse de Chartres, la marquise de Beauvoir et les autres personnes de son entourage.

Vers deux heures et quart, son valet de chambre, qui dormait dans une pièce voisine, réveillé par un cri aigu de son maître, accourut et trouva le duc râlant. Quand le docteur Toupet, appelé par lui en toute hâte, arriva, le corps était déjà inanimé.

Aussitôt que la nouvelle de la mort a été connue, les télégrammes ont commencé d'affluer à Zucco. Ceux du roi Humbert, du duc et la duchesse d'Aoste, de la reine Victoria, de la reine Amélie de Portugal, sont arrivés les premiers.

Le lendemain, 8 mai, le corps du duc d'Aumale a été transporté à Palerme, où il a été reçu par tous les membres de sa famille. Le duc et la duchesse d'Orléans, ainsi que le duc de Chartres étaient présents.

C'est le 12 mai que le cercueil du prince a quitté Palerme.

Sur le parcours du cortège, la foule est innombrable. Un peloton de cavalerie, la musique du 62e de ligne, le général commandant les troupes, deux bataillons du 62e de ligne avec le drapeau, précèdent le cercueil, qui repose sur un affût de canon, couvert d'un drapeau français.

Après le personnel du duc défunt, le duc d'Orléans s'avance, suivi par le duc de Chartres, le prince Pierre d'Alcantara et leur suite.

Puis, viennent la colonie française, le corps diplomatique, les autorités civiles et militaires. Le cortège est fermé par deux pelotons de carabiniers, un bataillon du 62e de ligne, une batterie d'artillerie et trois pelotons de cavalerie.

Après une cérémonie à l'église Saint-Joseph, le cortège s'est dirigé vers la gare. Après avoir passé par Messine, Naples et Rome, le corps du duc d'Aumale est arrivé à Turin le 13 mai. A Modane, après avoir prié, agenouillé devant le fourgon qui contient les restes de son oncle, le duc d'Orléans a quitté les membres de sa famille et les quelques amis qui accompagnaient le corps jusqu'à Paris.

Vendredi, 14 mai, à dix heures du soir, la dépouille mortelle du duc d'Aumale est arrivé à Paris, par la gare de Lyon. Sur le quai de la gare, à côté des membres de la famille et de la foule innombrable des amis, nous avons remarqué le prince Ferdinand de Bulgarie.

Le corps a été transporté à la Madeleine dans une chapelle ardente, que le public a été admis à visiter.

La mort du duc d'Aumale mit en deuil la plupart des familles souveraines d'Europe, auxquelles est alliée la maison d'Orléans.

C'est le lundi, 17 mai, qu'ont eu lieu les funérailles.

La foule était grande.

Il était difficile de reconnaître les princesses sous les voiles de deuil épais et longs. Etaient présentes :

La princesse Clémentine de Saxe-Cobourg, fille de Louis-Philippe, qui accompagnait la princesse de Bulgarie ; la duchesse de Chartres, avec la comtesse d'Eu et l'archiduchesse Clotilde, la comtesse de Flandre, qui arriva avec la princesse Louise de Cobourg et la duchesse d'Aoste, fille de la comtesse de Paris. Dans une autre voiture, était la princesse Marie de Danemark, la princesse Alphonse de Bavière, la duchesse de Vendôme ; puis, la princesse Isabelle de France et la duchesse Elisabeth de Bavière.

A midi moins cinq, arrivait, dans un équipage du duc de La Rochefoucauld-Doudeauville, la duchesse d'Orléans, accompagnée, depuis Bardonnèche, par le duc de Luynes.

Elle a été reçue au bas des degrés par le maître des cérémonies; précédée de deux huissiers et de deux hallebardiers, elle gravit l'escalier, saluée par la plupart des invités admis à pénétrer sous le péristyle et dont une grande partie n'a pu pénétrer dans l'église :

Dans le chœur, à gauche, immédiatement après le cardinal Richard, le général Tournier et le commandant Legrand, représentant le président de la République, occupaient la place d'honneur réservée au chef de l'Etat.

A gauche, après le général Tournier, se trouvaient le général Saussier, le grand chancelier de la Légion d'honneur, le corps diplomatique, les officiers généraux, les officiers.

Deux sœurs de Saint-Vincent-de-Paul, de Chantilly, et Cyrille, le fidèle serviteur du duc d'Aumale, se tenaient derrière le catafalque monumental, entouré de centaines de cierges, abrité sous un immense baldaquin, dont les quatre vergues frangées d'argent se rattachaient à la voûte.

Toute l'église était tendue de noir jusqu'au-dessus des deuxièmes galeries de l'hémicycle, les colonnes étaient revêtues de tentures noires relevées de palmes et d'écussons aux armes d'Orléans, les trois fleurs de lis et la brisure du lambel.

La cérémonie a été grandiose, imposante. Sous la direction du maître de chapelle, une maîtrise a exécuté l'admirable *Requiem* de Mozart, le *Sanctus* de Dubois, le *Judex* de Gounod; et puis ont éclaté les terribles accents du *Dies Iræ*, lancés par les trompettes retentissantes et auxquels ont succédé les paroles de supplication du *Pie Jesu*.

La messe terminée, le cardinal Richard, entouré de tout le haut clergé, donna l'absoute et le corps a été porté sur le palier des degrés pour le défilé des troupes, qui ont rendu les honneurs militaires.

Vingt hommes portaient le triple cercueil sur lequel étaient déposées l'épée et la croix de la Légion d'honneur gagnée par le duc d'Aumale en Afrique.

Alors le spectacle a revêtu un caractère encore plus imposant :

Le corps était entouré par les princes de la famille à droite, par les représentants du président et ceux des maisons souveraines à gauche, les ambassadeurs, les ministres, les académiciens, les amis personnels ; un grand silence s'est fait et, tout à coup, les clairons ont sonné.

Le général Le Loup de Sancy de Rolland, qui commandait les troupes, s'est avancé et, la tête tournée vers le cercueil, a salué de l'épée.

Les fanfares ont attaqué la marche de *Sambre-et-Meuse* et le défilé s'est poursuivi.

Le cercueil a été de nouveau porté dans la chapelle de la Compassion, où l'ont suivi les membres de la famille, à l'exception des princesses, et les personnages officiels.

Après la cérémonie de la Madeleine, la dépouille mortelle du duc d'Aumale a été transportée à Dreux pour y être déposée dans la sépulture de la famille d'Orléans.

La chapelle de Saint-Louis, à Dreux, sépulture de la famille d'Orléans, est un héritage du duc de Penthièvre, grand-père maternel du roi Louis-Philippe.

Le duc de Penthièvre, grand amiral de France, petit-fils du comte de Toulouse et héritier du duc du Maine, habitait Rambouillet, où Florian était à la fois son dispensateur d'aumônes, son poète et son ami. Ce prince, dont la générosité et la charité discrète étaient proverbiales, était adoré de tous, et il fut le plus malheureux des princes : il avait perdu successivement tous ses enfants, à l'exception de la duchesse d'Orléans, et, ayant cédé Rambouillet à Louis XVI, il transporta un jour à Dreux les neuf cercueils de ses enfants, qu'il suivait en pleurant.

Ils furent inhumés avec leur mère, une princesse d'Este, dans la collégiale de Saint-Etienne, dont la chapelle actuelle occupe l'emplacement. Le duc de Penthièvre n'émigra pas, non plus que la duchesse d'Orléans, et il mourut à Vernon en 1793, respecté de tous. Il fut inhumé à Dreux, à côté des siens. Mais bientôt après la duchesse d'Orléans était arrêtée et ses biens confisqués.

La populace se rua sans raison sur l'église mortuaire de Dreux, la détruisit de fond en comble et profana tous les cercueils.

La duchesse d'Orléans, revenue d'exil en 1814, voulut retrouver les restes de sa famille. La recherche fut cruelle et difficile. Elle fit bâtir en 1816, sur le même emplacement, une chapelle mortuaire, dans le style néo-grec.

En 1838, Louis-Philippe l'agrandit, et en fit une sorte de rotonde gothique par le nombre des chapelles qui entourent la croix grecque des grandes nefs.

On peut donc dire que l'église a été construite en deux fois. Affectant tout d'abord la forme d'une croix grecque surmontée d'un dôme, elle a été et augmentée d'un portail en ogive flanquée de tourelles, formant ainsi un ensemble de style composite et bizarre.

Située sur une hauteur, la chapelle domine tout le pays.

Mais si l'extérieur manque de grandeur, l'intérieur est véritablement admirable et renferme des choses d'une grande richesse : vitraux, bas-reliefs, tableaux sont tous des chefs-d'œuvre.

La crypte, de même forme que la chapelle, contient trente-cinq tombes groupées autour du tombeau de Louis-Philippe et de la reine Marie-Amélie. Elles sont l'œuvre de Pradier, de Barre et de Chapu.

Les principaux personnages enterrés à Dreux, sont : la duchesse douairière d'Orléans, mère de Louis-Philippe ; le duc de Penthièvre, la duchesse de Wurtemberg, le duc d'Orléans, fils aîné de Louis-Philippe ; Mme Adelaïde, sœur de Louis-Philippe, la duchesse d'Orléans, la duchesse d'Aumale et six enfants du duc d'Aumale, auprès desquels reposera bientôt le chef de la famille ; enfin le duc de Nemours.

On remarquera que le comte de Paris et la duchesse de Nemours ne figurent pas sur cette liste. Tous deux reposent à Weybridge, en Angleterre.

La cérémonie des funérailles du duc d'Aumale, à Dreux, a été aussi des plus grandioses.

Tous les réverbères, voilés de crêpe, étaient allumés; sur les édifices publics, à l'Hôtel de Ville et à la Caisse d'épargne, notamment, les drapeaux étaient en berne, recouverts de crêpe.

C'était là un spectacle vraiment impressionnant.

La levée du corps a été faite à la gare, en présence des princes, par M. l'abbé Leroy, archidiacre de Dreux; puis le cortège s'est formé dans l'ordre suivant :

Derrière le char funèbre, attelé de six chevaux, Cyrille Belleau, le valet de chambre du regretté prince portait, sur un coussin, le grand-cordon et la plaque de la Légion d'honneur.

Plus loin, deux gardes forestiers soutenaient un cadre de velours noir, sur lequel était placé un écusson aux armes du prince, sur fond émail bleu, encadré de deux palmes de chêne et de laurier en or, reliées entre elles par un ruban de même métal, sur lequel on lisait : « Fidélité ».

Venaient ensuite les princes de la famille. Les princes étaient suivis des représentants des souverains et des membres du corps diplomatique, puis les invités.

Le cortège est arrivé à dix heures et demie à la grille du parc, au milieu duquel se trouve la chapelle; le corps du duc d'Aumale a été reçu par l'abbé Rouyon, entouré du clergé.

De chaque côté des marches extérieures de la chapelle se tenaient rangés les gardes-chasse de Chantilly.

La messe, dite par M. l'abbé Gromard, chapelain, a été chantée par la maîtrise de Saint-Thomas-d'Aquin.

L'absoute a été donnée par M. l'abbé Pouclée, vicaire général honoraire et doyen du chapitre métropolitain de Chartres.

Le cercueil du duc d'Aumale a ensuite été porté processionnellement dans la crypte, où, en présence des princes et des princesses, il a été placé à gauche, à côté du tombeau de la duchesse d'Aumale, sous le vitrail représentant saint Louis rendant la justice sous le chêne de Vincennes.

A l'issue de la cérémonie, les princes ont reçu les invités dans la vieille cour du château, qui est située à gauche de la chapelle.

UN DERNIER HOMMAGE :

L'Institut de France a fait célébrer en l'église Saint-Germain-des-Prés, funèbrement décorée de tentures de deuil, un service solennel. Un grand voile noir, étoilé d'argent, servant de cadre à une grande croix blanche, était tendu derrière le maître-autel brillamment éclairé : les groupes de colonnes qui supportent l'arche de l'abside étaient couverts de longs voiles, sur lesquels se détachaient deux cartouches aux armes de France avec le lambel.

Le duc et la duchesse de Chartres, le comte et la comtesse d'Eu représentaient la famille. Les princes et les princesses occupaient les places d'honneur en avant de l'autel. Les membres de l'Institut, presque tous en habit, étaient assis dans la première moitié de la nef, derrière la famille.

Le curé de Saint-Germain-des-Prés a dit la messe. MM. Auguez et Muratet de l'Opéra ont chanté le *Kyrie* de Niedermeyer, le *Sanctus* de Beethoven, l'*Agnus Dei* de Mendelssohn et le *Libera* de Minard, maître de chapelle à Saint-Germain, qui dirigeait la maîtrise. L'accompagnement était formé par les violons, les violoncelles et les orgues.

Après la messe, le cardinal Perraud, évêque d'Autun, membre de l'Académie française, est monté en chaire pour prononcer le panégyrique du duc d'Aumale. L'éminent prélat a improvisé. Dans une langue sobre, précise et élégante, il a retracé à grands traits la carrière du duc d'Aumale, qu'il a rapprochée, par l'unité et la dignité de sa vie, de la vie et de la mort de son illustre aïeul le prince de Condé. Il a évoqué dans son exode le souvenir de la catastrophe où périrent tant de nobles victimes. Le cardinal était à Rome quand la nouvelle lui parvint. Son cœur saigna de l'atroce malheur qui frappait l'élite de sa patrie. Il fut témoin de l'admiration que provoqua à l'étranger la mort héroïque et chrétienne de la duchesse d'Alençon. La France devait bientôt connaître un nouveau deuil. Le duc d'Aumale, qui aurait tant aimé être le quarante-troisième Bourbon trouvant la mort sur les champs de bataille, fut frappé au cœur, en Sicile, par le désastre de Paris. Chargé par ses collègues de l'Académie française de témoigner pour eux de leur admiration et de leurs regrets, le cardinal vient remplir cette tâche en exprimant la crainte d'être trahi par son émotion et par ses forces défaillantes.

Grand seigneur, général de division, membre de l'Académie française, le duc d'Aumale se souvint toujours des leçons que lui donna, quand il était tout enfant et, plus tard, à la veille de partir pour sa première campagne d'Algérie, sa mère, une sainte femme. Il y a quelques mois, sous la coupole de l'Institut, le prince, rencontrant le cardinal, lui rappelait avec piété le souvenir de sa mère; puis, comme conclusion, lui disait : « Eminence, je me recommande à vos prières ! »

Il resta fidèle dans toutes les phases de son existence à ces premiers enseignements maternels. Sur les champs de bataille d'Algérie, son intrépidité égala celle des brillants généraux qui trouvèrent la gloire sur cette terre que leur bravoure a donnée à la France, et il remplissait avec les devoirs de son rang ses devoirs envers Dieu. C'est de cela que le cardinal le loue sans réserve, car c'est surtout pour ses vertus chrétiennes que le prince doit être donné en exemple à tous, aux savants qui l'écoutent comme aux ignorants.

Bossuet, ajoute-t-il, était prêt à monter en chaire, quand on vint lui dire que le prince de Condé se trouvait dans l'auditoire. Le jeune orateur — il avait trente-trois ans — loin d'être intimidé par la présence du vainqueur de Rocroy, en prit texte pour disserter sur la vanité de la gloire et de l'honneur humains. Il le fit avec son éloquence audacieuse; ce qui ne laissa pas d'émouvoir un peu les courtisans.

Mais le prince de Condé ne s'offensa point des leçons apostoliques tombées des lèvres de Bossuet, et, les yeux désormais ouverts à la lumière par la parole de vérité qu'il venait d'entendre, il chargea le grand orateur du devoir de conseiller et de guider sa vie. Le glorieux capitaine dut à Bossuet de mourir dans l'humilité chrétienne.

Le duc d'Aumale s'est montré le digne descendant de Condé. Quand un ministre de la guerre lui signifia brutalement que son titre de prince du sang ne lui permettait plus de figurer dans les cadres de l'armée, il s'inclina sous l'arrêt qui le frappait dans son plus juste orgueil, et répondit par une lettre qui est un testament de gloire. Il y exprima l'unique ambition de son âme, qui fut de servir jusqu'à la mort sa patrie, sentiment qu'il avait traduit déjà dans un mot désormais historique, lorsque, au cours du procès qu'il présidait, il répliqua à une interruption impie : « Monsieur, il restait la France ! »

Le cardinal Perraud a parlé encore de la donation de Chantilly faite à l'Institut, cette « apothéose de Condé », comme l'appelait Mme de Sévigné, en se portant garant de la gratitude de ses collègues et de leur respect pour les volontés de leur bienfaiteur.

Puis, avant de finir, il a invoqué son caractère apostolique pour proclamer, devant la plus illustre compagnie de la terre, comme l'avait fait Bossuet, la vanité du savoir humain, lorsque la science ne s'éclaire pas du rayon de la sagesse divine.

Quand le cardinal, revêtu du manteau et de la robe rouges, dont la pâleur et la maigreur étaient encore exagérées par la pourpre, est descendu de la chaire, il s'est fait dans l'église un silence d'admiration. Puis la cérémonie a pris fin sur l'*Agnus Dei* de Mendelssohn, accompagné par les sons plaintifs des violoncelles.

Nous avons contemplé les débris du temple d'Aphrodite... (page 173)

XXI. — Le duc d'Aumale et les contemporains

Les confrères du prince. — Lignes émues. — Opinions et appréciations. — Les notes de MM. Mézières, Sardou, Sully-Prudhomme, François Coppée, Henri de Bornier, comte d'Haussonville, Albert de Mun, Costa de Beauregard, André Theuriet, etc.

Ceux qui furent à l'Académie française, les confrères du prince, ont traduit en lignes émues les sentiments que leur inspirait le deuil cruel dont ils étaient les premiers atteints.

C'est ainsi qu'ils ont donné, à la nouvelle de la mort de leur collègue le duc d'Aumale, leurs appréciations sur celui dont ils avaient pu connaître la grandeur d'âme et le talent.

« Depuis quelque temps, l'Académie est bien cruellement éprouvée. Après Pasteur, Dumas, Jules Simon, nous voici découronnés du duc d'Aumale. Il était un des charmes et une des lumières de nos réunions; sa parole était, comme ses manières, d'une haute simplicité; familière en restant distinguée, elle se déroulait sans emphase, mais avec force : c'était vraiment une éloquence princière. Sans chercher à avoir de l'influence, il en exerçait une très grande, et s'il eût voulu s'en donner la peine, il eût été l'arbitre de nos élections, comme peut-être ailleurs il eût pu être celui de la politique.

» Dans ses relations de confrères, il était d'une si captivante et si constante courtoisie, que sa mort sera à tous un véritable deuil. » Emile Ollivier. »

Nancy, 7 mai.

« Le Prince était le plus assidu, le plus exact des académiciens. Il aimait dans l'Institut l'image vivante de la France ancienne et moderne : en lui léguant Chantilly, il le léguait à la France, unique passion de sa vie. » Alfred Mézières. »

« Le temps me manque, et je ne me sens pas l'esprit assez libre pour vous parler comme il convient du duc d'Aumale. Il sera aisé de peindre le soldat et l'écrivain. Je voudrais qu'on essayât de nous faire bien connaître l'homme. Il était plein de ressources et de bonnes grâces dans l'intimité. Ceux qui l'ont approché n'oublieront jamais les heures charmantes qu'ils ont passées près de lui. Pendant quinze jours, j'ai vécu en Sicile dans sa compagnie. Nous avons visité ensemble les musées de Palerme, les ruines de Ségeste et de Sélimonte ; nous avons gravi l'Eryx et contemplé les débris du temple d'Aphrodite. Je ne saurais dire à quel point il avait la vive intelligence des choses, ce qu'il trouvait de réflexions justes et vives en présence des grands monuments et des beaux spectacles de la nature. Quelle verve d'esprit, quelle chaleur d'âme, il apportait dans les interminables conversations de la route ! On se quittait le soir, bien fatigué, mais ravi ; seulement, on se demandait avec quelque tristesse pourquoi le pays n'avait pas fait plus d'usage de ces trésors de talent et de bonté qu'il nous laissait entrevoir. » Gaston Boissier. »

« Il était prince et ne l'oubliait jamais, mais il l'était de façon si avenante qu'on avait plaisir à l'appeler Monseigneur.

» Victorien Sardou. »

« Je n'ai connu le duc d'Aumale que par l'Académie, qui nous rapproche tous dans une sorte de famille nationale. Je sais de son caractère ce qu'en savent, à son honneur, tous les Français, et ce que mes confrères de l'Institut en ont pu, comme moi, directement apprécier.

» Sa place, dans les séances de l'Académie, était voisine de la mienne : il m'a été facile d'étudier sa physionomie et ses manières. Tout y était à la fois martial et affectueux, noble et familier à juste dose, imperceptiblement protecteur. Il ne faisait ni sentir ni oublier les distances : il lui suffisait, pour les maintenir, de les laisser reconnaître en les justifiant de son mieux par son mérite connu, par sa naissance. Nul prince ne s'est appliqué plus efficacement à valoir par soi-même. De là l'estime et le respect qu'il sut gagner ou forcer.

» Son érudition était minutieuse dans les domaines du savoir qu'il s'était appropriés. Je me rappelle, entre bien d'autres exemples, combien, un jour, pendant le travail du dictionnaire, je fus ébloui par l'abondance et la précision de ses renseignements historiques et techniques sur une certaine arme.

» Il portait la plus belle tête de général français qu'un artiste pût imaginer. S'il regrettait son uniforme, ce devait être par modestie autant que par fierté, car il n'en avait guère besoin : tout son passé militaire marquait sa personne. Mais en lui le savant lettré, s'ajoutant au chef d'armée, achevait l'homme.

» Il a laissé à l'Institut un magnifique témoignage de son attachement : sans doute les fauteuils qu'on y occupe par double droit de conquête et d'élection lui semblaient les seuls trônes immuables, les seuls où une grande âme puisse régner par toutes ses plus hautes facultés, sans préjudice pour aucune.

» SULLY-PRUDHOMME ».

« Il y avait en lui un soldat, un prince et un homme très moderne; et ces trois hommes n'en faisaient qu'un, qui était un aimable causeur. » Victor CHERBULIEZ. »

« Nous étions fiers de compter parmi nous le fils du Roi et le général victorieux; mais, surtout, nous aimions le parfait confrère et l'excellent homme. » François COPPÉE. »

« Le duc d'Aumale n'était pas seulement une noble figure : c'était une figure aimable. L'heure n'est peut-être pas venue d'apprécier sa longue et active existence, de rappeler ses services militaires, de discuter son rôle politique, de caractériser son talent d'historien. En tout cas, je ne me sentirais pas en état de le faire au lendemain de sa mort. Je n'éprouve en ce moment et ne veux exprimer qu'un sentiment, celui du vide que produit la disparition de cette belle intelligence et de cet esprit séduisant.

» Le prince qui vient de mourir avait cette originalité charmante de partager les idées de la France nouvelle et d'avoir conservé en même temps toute la grâce de l'ancien régime. Peu d'hommes, et même d'hommes jeunes, savaient parler aux femmes comme ce survivant d'une autre génération. Peu d'hommes, d'un autre côté, dans une conversation sérieuse, pouvaient tenir tête comme lui aux meilleurs juges sur les questions les plus diverses, discuter avec une égale supériorité un sujet militaire, littéraire ou artistique, expliquer les campagnes du Grand Condé ou apprécier les plans de Napoléon, juger un livre, se prononcer sur un tableau. » Edouard HERVÉ. »

« Mon opinion sur le duc d'Aumale sera évidemment celle de tous mes confrères. C'était un esprit distingué, une âme élevée, un cœur bon et généreux. Je n'avais pas avec lui des rapports personnels, bien que j'aie déjeuné plusieurs fois à Chantilly, dont il se plaisait à faire les honneurs à ses invités. Il le faisait avec affabilité et courtoisie, non pas une courtoisie condescendante de grand seigneur, mais une courtoisie naturelle. Doué d'un tact merveilleux, le prince savait fort adroitement amener chacun de ses convives sur le terrain de conversation qui lui était familier.

» Je dois ajouter que j'ai rarement rencontré un causeur aussi brillant, aussi exquis que l'auteur de l'*Histoire des Condé*. Il avait vraiment le don de la causerie. Ayant beaucoup vécu, beaucoup voyagé, beaucoup observé et étudié, il était tout naturel que sa conversation fût agréable et intéressante. Son esprit était une mine jamais épuisée de souvenirs, d'anecdotes de toutes sortes. Il savait raconter une histoire, conter une anecdote avec des mots justes, précis et imagés. En un mot, le duc « enlevait » l'anecdote comme il avait enlevé en Algérie la smalah d'Abd-el-Kader, à la française.

» Dire qu'il était d'une politesse raffinée serait une banalité. Quand je fus élu membre de l'Académie, le duc d'Aumale me fit parvenir de Bruxelles, où il était en exil, sa carte et ses félicitations.

» Le prince n'était pas seulement un causeur charmant, une nature bienveillante et sensible, c'était aussi un écrivain distingué. J'ai lu son *Histoire des Condé* avec un vif plaisir. C'est un ouvrage remarquable, écrit d'une plume vive, alerte, toute française comme l'était sa personne. Comme je vous l'ai dit, le prince était fort instruit. En l'écoutant, et surtout en le lisant, on sentait qu'il avait remonté aux sources. L'Académie perd en lui un de ses membres les plus distingués; nous autres, un collègue d'un commerce sûr, agréable et charmant.

» GRÉARD. »

« Rien de ce que je pourrais écrire ne saurait valoir comme intérêt le simple récit d'une visite que mon père lui rendit à Dreux au mois de mai 1871. A ce moment, les lois d'exil n'avaient pas encore été abrogées, et ni Mgr le duc d'Aumale, ni Mgr le prince de Joinville n'étaient encore venus occuper leur siège à l'Assemblée nationale.

» HAUSSONVILLE. »

« J'étais allé de Versailles, sur leur invitation, voir les princes à Dreux. En ce moment, le duc d'Aumale y était seul. Il me fit, avec une grande cordialité et sa bonne grâce accoutumée, les honneurs du petit logis où il vivait presque en reclus. Je ne pus me défendre d'une certaine émotion lorsqu'il me mena visiter en détail les caveaux de la chapelle funéraire où sont enterrés les membres de la famille d'Orléans. Il me montra le tombeau de son frère, le duc d'Orléans, de sa sœur, la princesse Marie. Sa physionomie était grave et triste. Elle prit une expression tout à fait douloureuse, quand il ajouta : « Cette place est réservée pour ceux qui reposent en Angleterre, en attendant que nous puissions les ramener ici. Voilà où seront mon père et ma mère. Là, c'est le coin réservé pour ma femme, pour mon fils aîné et pour d'autres enfants que j'ai perdus, et plus loin, là-bas, sera la place de votre serviteur. » J'avais hâte de sortir du lugubre souterrain qui évoquait pour mon hôte de si pénibles souvenirs. Ils avaient évidemment agi sur la direction des pensées du prince, et ce fut d'un accent un peu plus solennel qu'il n'est dans ses habitudes que, rentré dans son cabinet, il me dit : « Nous » avons besoin en ce moment des conseils et de l'assistance de » tous nos amis, et nous savons que nous pouvons compter sur » vous. » » Comte D'HAUSSONVILLE. »

« Un Français doublé d'un Gaulois, un soldat doublé d'un érudit, un historien doublé d'un causeur, un artiste doublé d'un patriote, un prince doublé d'un citoyen. » Jules CLARETIE. »

« C'était un des plus charmants, un des plus spirituels, et c'était le seul qui eût gagné une bataille. » Henri MEILHAC. »

« Le duc d'Aumale avait dans l'Académie une place à part; place d'autant plus large, qu'il affectait d'être l'égal de ses confrères. » C. DE FREYCINET. »

Hendaye, 8 mai.

« Grand seigneur exquis, soldat sans reproche, homme de cœur et de pitié. » Pierre LOTI. »

« Mon cher confrère,

» Que vous dirai-je que mes confrères de l'Académie ne vous aient déjà dit, et mieux que je ne saurais le dire ?

» Le duc d'Aumale était un des hommes les plus naturellement gracieux que l'on puisse rencontrer, très bon, très serviable, très heureux de voir des heureux et d'en faire.

» Je ne lui ai connu qu'un défaut : comme bibliophile, il était un peu jaloux; quand il me montrait, à Chantilly, les trésors de sa bibliothèque, il me regardait d'un air qui signifiait : la Bibliothèque de l'Arsenal n'en pourrait pas montrer autant!

» Sur un point surtout, cette jalousie spéciale se laissait voir : L'Arsenal possède, entre autres, un manuscrit célèbre, le *Bréviaire de saint Louis*, très authentique; le duc d'Aumale en avait un aussi, mais celui de l'Arsenal le gênait un peu. Il ne pensait aucun mal du nôtre, mais il préférait le sien, c'était visible, et je n'aurais pas pris la liberté de le contrarier sur ce point. Mieux eût valu lui dire qu'il n'avait pas pris la smalah d'Abd-el-Kader!

» Voilà le seul défaut du duc d'Aumale. Je souhaite le pareil à mes amis.

» Henri DE BORNIER. »

« Brave gentilhomme, brave soldat, brave historien, brave homme.

» José-Maria DE HEREDIA. »

« Je vénérais, avec tous mes confrères, en Mgr le duc d'Aumale le plus grand témoin de notre passé. Il s'était voué au culte de toutes nos gloires et si j'osais dire ce qui, personnellement, m'attachait à lui d'un respect patriotique, c'est que je voyais en sa personne un lien entre notre temps et celui dont j'étudie l'histoire; que je sentais battre dans le cœur de ce Français, si passionnément attaché à la France moderne, le cœur de la France d'autrefois.

» Albert SOREL. »

Ermitage-Castebelle, 7 mai.

« Profondément ému par la triste nouvelle que vous m'annoncez, je regrette que mon absence de Paris ne me permette pas de vous donner aujourd'hui la page que vous me demandez.

» D'autres diront mieux que moi ce qu'était pour nous tous la figure héroïque et si délicatement courtoise du prince, de ce grand homme de guerre et de ce grand homme de lettres.

» C'est dans tous les sens du mot un des plus nobles des fils de France qui est mort.

» Paul BOURGET. »

« Le duc d'Aumale aimait avec passion les lettres, les livres, les tableaux, les objets d'art, son Chantilly, dont il avait su faire un Louvre; mais plus encore il aimait l'armée.

» Il était Prince, mais il était surtout Soldat ; il était Orléans, mais il était surtout Français.

» Henry HOUSSAYE. »

« Un souvenir sur le duc d'Aumale ? En voici un.

» Il y a onze ou douze ans, je fis, à la *Revue blanche*, un article sur l'*Histoire des princes de Condé*, particulièrement sur le volume qui est consacré à l'enfance et à la jeunesse du duc d'Enghien. Je m'y exprimais avec une liberté respectueuse, mais entière, et j'essayais notamment d'y démontrer, à l'aide de documents qui m'avaient été fournis par le général Jung, que le véritable vainqueur de Rocroy était Gassion.

» Un homme de lettres n'eût pas manqué de considérer mon article comme un « éreintement ». Le duc d'Aumale, d'une âme plus sereine, me remercia dans un court billet autographe. Il ajoutait : « Et j'espère, si je vous rencontre, vous convaincre que c'est bien le duc d'Enghien qui a gagné la bataille de Rocroy. »

» Le duc d'Aumale était très bon. Il avait des yeux bleus d'enfant. Il représentait beaucoup de vieilles choses belles ou charmantes. C'est le dernier « prince » que nous avons vu.

» Jules LEMAITRE. »

« Le duc d'Aumale était avant tout un soldat. Il contait bien, et contait de préférence, à ce qu'il me semble, des histoires militaires. A Chantilly, où il montrait obligeamment lui-même ses collections, il s'arrêtait ému jusqu'aux larmes devant un fusil à pierre de 1843. Lorsque, dans une lettre publiée après sa mort, il énumère les richesses d'art de Chantilly, ce qu'il nomme d'abord, ce sont « les trophées ». Son intelligence étendue et souple, propre aux affaires, il la ramenait sans cesse et naturellement aux choses de l'armée. Il aimait son pays à la manière des généraux, silencieusement.

» Il était patriote jusque dans l'art. Son musée Condé est formé pour l'exaltation des écoles françaises.

» Anatole FRANCE. »

« Il a eu la douleur et la tristesse de connaître les hommes; sa bonté était faite d'espérances et de désillusions.

» Marquis COSTA DE BEAUREGARD. »

« La dernière fois que j'ai vu le duc d'Aumale, c'était il y a environ un mois à Chantilly, où le prince m'avait fait l'honneur de me convier à un déjeuner auquel prirent part aussi plusieurs de mes collègues de l'Académie des inscriptions et belles-lettres.

» Comme toujours, le duc se montra causeur charmant, plein d'abandon, fertile en souvenirs. Ce n'était d'ailleurs pas la première fois que je déjeunais à Chantilly. Mon père, M. Paulin Paris, qui connaissait le prince de longue date, m'y avait emmené. Je me souviens même qu'il nous arriva, ce jour-là, à mon père et à moi, une petite mésaventure. Comme nous étions arrivés à la gare du Nord, je m'aperçus, au bout de quelques minutes, que mon père avait disparu soudainement. Je me mis à sa recherche, parcourant l'intérieur de la gare, le quai d'embarquement; ce fut en vain. Mon père était introuvable. Enfin, je le vis revenir avec joie. Songez qu'il avait quatre-vingt-cinq ans. Naturellement, le train que nous devions prendre était parti. Nous dûmes attendre le suivant, et quand nous arrivâmes à Chantilly le déjeuner était terminé. Voilà, dans quelles circonstances, j'eus l'honneur de connaître le duc d'Aumale, dont je devais être plus tard le collègue à l'Académie des inscriptions et belles-lettres et à l'Académie française.

» Puisque vous me demandez mon opinion sur l'écrivain, je vous avouerai que l'on ne peut pas considérer le duc d'Aumale comme un écrivain de premier ordre, mais c'est un écrivain excellent et distingué. Ses ouvrages sont bien composés; ils sont écrits dans un style sobre, énergique et clair. En les lisant, on se rend compte tout de suite que celui qui les a écrits n'est certes pas le premier venu.

» Somme toute, sa place était tout indiquée à l'Académie. Même s'il n'avait pas eu le bonheur ou la chance de naître sur les marches d'un trône, ses talents littéraires l'eussent pu désigner aux suffrages de la compagnie. Simplement écrivain, il eût fait bonne figure sous la coupole.

» Gaston PARIS. »

« J'ai eu l'honneur d'être l'hôte du duc d'Aumale à Chantilly. Le long de ces galeries pleines de merveilles d'art et de nobles souvenirs, dans ce château historique, dont les fenêtres s'ouvraient sur une perspective de pièces d'eau miroitantes et d'avenues de hêtres rougis par l'automne, il fallait voir le prince guidant ses convives, leur contant avec une pointe d'humeur et de verve gauloise quelque épisode de sa jeunesse, de sa vie militaire ou de ses jours d'exil; commentant un tableau, évoquant une grande figure disparue. C'était une surprise, en ce royal décor, de contempler un fils de roi, aux façons si simples et si cordiales, au patriotisme si ardent et si éclairé, à l'esprit si librement ouvert aux idées modernes; — et c'était un rare spectacle qu'on ne reverra plus.

» André THEURIET. »

« M. le duc d'Aumale avait toutes les qualités de l'ancienne France, à laquelle il rendait un culte intelligent et magnifique; d'autre part, nul n'a mieux compris et aimé la France moderne. Il semblait fait pour servir de trait d'union entre elles et les réconcilier l'une avec l'autre.

» Albert VANDAL. »

« Je ne sais de Mgr le duc d'Aumale que ce que tout le monde en sait. Dans toute sa vie, le trait qui m'a le plus fortement saisi, c'est son mot célèbre du procès de Trianon : « Il y avait la France ! »

» Parole de soldat prêt à tout perdre fors l'honneur; parole de prince aussi, en qui bat le grand cœur de la Patrie faite par ses aïeux !

» Formule impérative du devoir militaire; expression souveraine aussi du devoir civique, qui contient en cinq mots l'histoire et l'éloge de celui qui l'a prononcée.

» Albert DE MUN. »

« Un homme de courage, de goût et de belle humeur; un Français, non de l'ancien régime, mais de l'ancien temps.

» G. Hanotaux. »

Hier encore, c'était une grande fierté, pour tous les membres de l'Académie française, de lire, sur leur annuaire, le nom de Henri-Eugène-Philippe-Louis d'Orléans, duc d'Aumale.

» Bien que l'Académie ne soit plus qu'une classe — la première, si l'on veut, — du corps, très démocratique, qui s'appelle l'Institut, l'opinion publique s'obstine, non sans raison, à la confondre avec l'ancienne réunion de grands personnages et de lettrés fameux qui, sous la monarchie d'autrefois, siégeait au Louvre, sous la protection spéciale du roi, de l'illustre assemblée où l'on voyait, comme l'a dit Victor Hugo en un vers pittoresque,

Les quarante fauteuils et le trône au milieu.

» Les académiciens éprouvaient donc un très naturel et très légitime orgueil à voir assis dans leurs rangs et acceptant, avec une bonhomie et un tact exquis, l'égalité confraternelle qui préside à leurs exercices, ce descendant direct d'Henri IV, ce prince de la maison royale de Bourbon, cet admirable et symbolique représentant de la vieille France...

» Il méritait sa place à l'Académie, d'abord comme historien par son imposant et beau travail sur les princes de Condé, composé avec une noble et sévère ordonnance et écrit dans un style ferme et légèrement archaïque qui rappelle le grand siècle. De plus, au lendemain des désastres de la guerre de 1870, l'Académie avait trouvé une consolation, dans le deuil national qu'elle partageait avec tous, en appelant à elle le soldat qui, à l'âge des sous-lieutenants, avait prouvé, le sabre à la main, qu'il était digne de porter les étoiles du général, l'intrépide chef de guerre, que l'ingrate politique avait récompensé d'une victoire par vingt-deux ans de proscription.

La Muse française, dans sa douleur patriotique, eut un instant de joie en s'abritant sous ce drapeau, en s'ornant de ce laurier.

» Depuis lors, sous la présidence de Grévy, le duc d'Aumale, pour des motifs dont personne ne se souvient même plus aujourd'hui, reprit le chemin de l'exil. Il se vengea de cette nouvelle injustice par une inspiration de son grand cœur, en léguant à l'Institut, c'est-à-dire à la France, le domaine de Chantilly et les merveilles — estimées à une quarantaine de millions — qu'il avait rassemblées pendant toute une existence embellie par l'amour du beau et le goût des arts.

» L'Institut — il ne faut pas l'oublier — se conduisit alors très honorablement. Par de constantes et publiques protestations... les lettrés et les artistes parvinrent à faire rouvrir les portes de la France au vainqueur de la Smalah, au prince patriote, qui, à Alger, après la révolution de Février, et, à Versailles, lors du procès de Bazaine, avait montré, d'une façon éclatante, qu'il plaçait la France au-dessus de toute ambition personnelle et de tout intérêt dynastique.

» Nos lecteurs n'attendent pas que, dans cette page écrite sous le coup de la plus douloureuse émotion — car le duc d'Aumale voulait bien m'honorer d'une sympathie cordiale — je retrace ici, même très sommairement, les phases de cette belle et pure, mais, au fond, si mélancolique destinée. Tout au plus essaierai-je, en quelques lignes hâtives, d'esquisser la physionomie du prince, tel que je l'ai vu souvent, dans nos séances de travail, à l'Institut, ou à Chantilly, alors qu'il faisait à ses hôtes les honneurs de son admirable résidence.

» Il fut un académicien assidu, laborieux, exemplaire. Sauf dans le temps des voyages, assez courts d'ailleurs, qu'il faisait en Angleterre et en Sicile, il manquait rarement une de nos réunions. Plus exact qu'un roi, il arrivait, presque toujours, l'un des premiers. Je le vois encore entrer dans notre salle, — de très haute stature, bien qu'un peu voûté, les jambes tordues par la goutte la plus aristocratique de l'Europe, la goutte des Bourbons, et, s'appuyant pesamment sur sa canne, mais l'œil vif, l'air content, un heureux sourire sous sa barbiche blanche de vieux soldat.

» Chacun lui faisait accueil, et il nous saluait de sa voix claire, distribuait ses franches poignées de main, parlait à tous sur le ton du brave homme et du camarade. Souvent alors, un groupe se formait autour de lui, et, quel que fût le sujet choisi par le hasard de la conversation, le duc d'Aumale nous surprenait toujours par son extraordinaire culture d'esprit, par l'étendue et la variété de ses connaissances, par sa prodigieuse mémoire. Et, malgré ce savoir pour ainsi dire encyclopédique, pas l'ombre de pédantisme. Une simplicité, un naturel, un entrain charmants.

» Ayant parcouru toute l'Europe — hélas! avec l'agitation fébrile de l'exilé — ayant tout vu, tout connu, sa causerie était un trésor inépuisable de scènes historiques, de portraits de personnages célèbres, d'anecdotes pittoresquement contées, de jugements concis et portés de haut sur les hommes et sur les évènements.

» Où il était admirable surtout, c'était dans ses souvenirs militaires, dans ses récits des guerres d'Algérie. Alors, son buste se redressait, un éclair d'héroïque enthousiasme brillait dans son regard, et, tous, nous évoquions dans notre mémoire le svelte officier à la moustache blonde et à la taille de guêpe, le jeune colonel du 17e léger, tel qu'il apparaît dans l'aquarelle de Raffet...

» Pendant la séance, il écoutait les discussions, attentif comme un bon écolier. Assez fréquemment, il y prenait part, et, à propos d'un livre présenté à nos concours ou simplement d'un mot du Dictionnaire, il nous étonnait encore par son énorme outillage intellectuel, par son goût si fin et si sûr, et principalement par sa connaissance approfondie de la langue.

» Le duc d'Aumale, je le répète, fut un académicien modèle, et il méritait bien le titre dont, un jour, Victor Hugo l'avait salué avec une si jolie courtoisie : « Cher et royal confrère. »

» A Chantilly, il fallait surtout le voir, quand les invités étaient peu nombreux, quand il n'y avait là, en quelque sorte, que des intimes et qu'il les menait faire un tour dans le parc, après avoir allumé sa courte pipe de bruyère et jeté sur ses épaules sa pèlerine à caban. Rien n'était plus saisissant que le contraste entre ce châtelain si simple, presque rustique, et la féerique demeure qu'il habitait. Dans ce musée merveilleux, dans ce château rempli de chefs-d'œuvre, au milieu de toutes les splendeurs du luxe et de l'art, le duc d'Aumale se traitait lui-même rudement, en vétéran d'Afrique qu'il était.

» Un soir, après que nous venions d'admirer avec lui quelques-uns des plus précieux trésors de sa bibliothèque, — il y a là, entre autres raretés, les premières éditions des oraisons funèbres de Bossuet, publiées en plaquette, avec dédicaces autographes, — le prince me fit entrer dans sa chambre. Elle est toute petite, sous un plafond bas, à peine meublée. Je remarquai l'étroite couchette, dans un coin, plusieurs paires de bottes de chasse, et, sur le mur, un seul cadre, un portrait au crayon du roi Louis-Philippe.

— Voilà ma chambre, me dit le duc d'Aumale.

» Puis, il ajouta en riant :

— Et vous savez, mon cher confrère, on n'a jamais qu'une chambre.

» Si grande place qu'on ait tenue dans le monde, on n'a aussi qu'un cercueil ; et, demain, il sera couché dans le sien, ce prince qui avait débuté comme Condé à Rocroy, et qui a passé les plus belles années de sa vie proscrit par une patrie qu'il adorait...

» François Coppée. »

XXII. — Les portraits du duc d'Aumale

Les œuvres de M. Bonnat, Henri Caïn, Philippoteaux, Benjamin-Constant. — Au musée Carnavalet. — Dans la galerie Condé.

Peu d'hommes ont été aussi souvent portraiturés, dessinés et photographiés que le duc d'Aumale. Bonnat l'a représenté en général, Henri Caïn en a fait un portrait au milieu de sa belle collection.

Parmi les autres portraits du duc d'Aumale, signalons le célèbre tableau de Philippoteaux exécuté en 1842, et représentant le duc d'Orléans et le duc d'Aumale dans un paysage d'Afrique, tous deux en tenue de campagne. Raffet a fait également une lithographie du prince, qui est représenté en uniforme de général de division, avec la plaque de la Légion d'honneur. Le duc d'Aumale est debout, entouré de son état-major, ayant derrière lui un peloton de soldats d'Afrique coiffés du képi à côtes. Ce portrait est un des plus populaires qui aient été faits.

Le premier portrait du duc d'Aumale a été exécuté en 1831. Le prince avait alors neuf ans. On peut voir cette peinture dans les collections du musée Carnavalet. Le jeune prince est revêtu de l'uniforme, une tunique à plastron boutonné à droite et à gauche, avec des épaulettes. Dix ans plus tard, le voici en tenue de colonel du 17e léger : le visage est sérieux et doux à la fois. Les cheveux blonds sont coupés à l'ordonnance; un léger duvet estompe la lèvre supérieure. Le jeune et royal colonel est sanglé dans sa tunique à une seule rangée de boutons, surmontée du hausse-col. Une autre lithographie signée Carrau, représente le prince dans la même tenue de colonel. Seulement, il est coiffé cette fois d'un képi, et il a le menton orné d'une jolie barbiche, qui donne à sa physionomie un air crâne et martial.

Les lithographies, représentant le duc d'Aumale, sont d'ailleurs en nombre considérable.

Dernier portrait du duc d'Aumale, par Benjamin Constant.

Le prince a été, durant sa longue et belle carrière, on pourrait presque dire la proie des dessinateurs, des peintres et surtout des photographes. Ces derniers l'ont accablé de sollicitations, auxquelles il ne parvenait pas toujours à se soustraire. Entre autres lithographies, signalons-en une qui est signée du nom d'Adam et qui montre le prince à cheval, à la tête du 17e léger; une autre de Massé, où le prince, également à cheval, est revêtu de la grande tenue de général, avec le chapeau à plumes noires et la culotte de peau. Enfin, voici un magnifique dessin de Maury, daté de 1848, puis une épreuve de Lordereau, où le duc d'Aumale est encore représenté sous l'uniforme militaire...

On sait que le dernier portrait du duc d'Aumale a été fait par M. Benjamin-Constant au mois de mars 1896. Le prince est représenté en costume de chasse, les jambes emprisonnées dans de hautes guêtres de cuir. Il est assis sur un banc rustique, sous les hautes futaies de Chantilly, dont les frondaisons automnales se dorent aux rayons du soleil couchant. Son attitude est simple, familière; la tête est légèrement penchée en avant. Dans une main, le prince tient un chapeau mou. Une expression de souriante bonhomie se reflète sur le visage au teint rosé. Le regard, clair et bleu, est d'une infinie douceur. Oh! la pénétrante et magique douceur de ces deux yeux bleu de France! Combien ils expriment éloquemment le caractère bon, affectueux et avenant du châtelain de Chantilly!

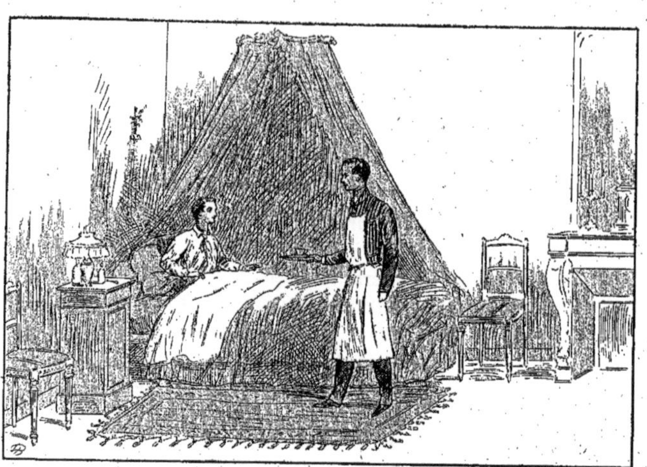

Je ne voudrais pas mourir avant que les troupes françaises victorieuses... (p. 191)

XXIII. — La vie intime du duc d'Aumale

Le duc dans l'intimité. — Le récit d'un ancien serviteur. — Un interview. — A propos du duc de Guise. — A Twickenham. — Gravures et parchemins.

Nous trouvons dans un interview que notre cher confrère M. Edmond Le Roy a fait auprès de l'ancien serviteur du duc d'Aumale, de curieux et intéressants détails sur l'intimité du duc.

« Il n'est point de grand homme, dit-on, pour son valet de chambre... A ceux qui accueillent ce proverbe comme une vérité, je conseillerai tout simplement un quart d'heure de conversation avec Charles, qui fut pendant des années nombreuses au service du duc d'Aumale, après avoir été le serviteur du pauvre duc de Guise, décédé prématurément en 1872.

» Hier, après midi, je me trouvais dans le logis modeste qu'occupe, rue Duvivier, au Gros-Caillou, le vieux serviteur, et où il vit, tranquille, de la pension qui lui est faite par la succession du prince.

» Charles, tout d'abord, me montre, dans une vitrine, à la place d'honneur de son petit salon, quelques souvenirs : les photographies du duc d'Aumale, son couteau, ses éperons, sa petite pipe de bruyère — celle qu'il fumait dès le matin... puis, le portrait de son premier maître, le jeune duc de Guise, et sa cravate, la dernière qu'il porta :

— Le pauvre enfant! il me disait : « La mort m'est égale, mais » je ne voudrais pas mourir avant que les troupes françaises » fussent entrées victorieuses à Strasbourg... » Il était beau, et avait surtout d'adorables yeux bleus, de ce bleu que j'appellerai bleu de France. Et doux avec cela! Il m'aimait beaucoup, ne pouvait se passer de moi... Non point, certes, que je lui fusse d'un grand secours pour sa toilette : le prince exigeait que son fils s'habillât et se déshabillât lui-même, il l'obligeait à coucher sur un simple matelas posé sur des planches. Mais mon jeune maître, loin de se plaindre, s'accommodait au contraire fort bien de cette éducation sévère et de la rude école à laquelle il était soumis. Nul doute qu'il n'eût fait un prince accompli. Hélas! nous le perdîmes...

» En le soignant, je pris sa maladie et l'on dut m'amputer un doigt. Pendant tout le temps que je fus malade, Monseigneur monta tous les jours prendre de mes nouvelles. Le plus dur, c'est qu'il lui fallait, pour gagner ma chambre, passer devant celle où son fils était mort. J'aurais donné tout au monde pour qu'il fût délivré de ce quotidien supplice et ne vînt plus me voir. « Mais, disait-il, je veux savoir comment il est soigné, s'il est » bien, et s'il a chance de guérir. Et qu'il ne s'inquiète pas, surtout, ajoutait-il à ma femme; quand il sera sur pied, je le prendrai à mon service. »

» C'est ainsi que je devins le valet de chambre du duc d'Aumale.

» Il fallait l'éveiller à cinq heures du matin; mais quand, à cette heure pourtant matinale, je lui apportais son café, je le trouvais, la plupart du temps, les yeux ouverts, déjà la lampe allumée, un livre à la main et la pipe à la bouche. Pour son lever, il fallait que je fusse là. Monseigneur s'habillait tout seul, mais il aimait avoir quelqu'un près de lui, afin d'un tantinet bavarder. Vous me demandez s'il était maniaque. Assurément non, à condition pourtant d'avoir près de lui toujours ses pipes, des pipes de bruyère, sa provision de tabac, son couteau et un bloc-notes; car, grand liseur, il prenait sans cesse des notes en lisant.

» Les vêtements? Il lui fallait ceux de la veille, toujours; ceux dont il avait l'habitude. Quand il devait s'habiller pour dîner dehors, c'était toute une affaire. Je lui préparais deux uniformes ou deux habits, le numéro un et le numéro deux. Régulièrement il prenait le numéro deux, et je crois bien qu'il eût pris le numéro trois, si j'eusse sorti un numéro trois de l'armoire. « Bah, disait-il, en réponse à ma respectueuse insistance, bah! on me prendra comme je serai. » N'empêche que cet homme simple eût fait, comme l'on dit, une musique de tous les diables pour une tache sur un vêtement; je n'ai pas besoin de vous dire que je mettais tout mon soin à ce que pareil accident n'arrivât jamais.

» Mais les colères de cet excellent prince ne duraient jamais longtemps et s'éteignaient toujours sur un mot de bonté.

» La bonté! ce fut le trait dominant de son caractère. Sa chambre, un moment, fut placée au-dessus d'une pièce appelée le salon des marbres et dont, à l'occasion, il faisait une chambre d'amis. Une nuit, un invité, M. le baron de X..., se trouvant logé là, entendit parler à l'étage supérieur dans la chambre de Monseigneur.

» — Qui donc est avec le prince? On fait chez lui la conversation.

» Le domestique de M. de X... sortit, se renseigna et revint dire à son maître qu'il n'y avait personne avec le prince, personne que son valet de chambre, c'est-à-dire moi, avec qui il daignait s'entretenir de la pluie, du beau temps, des événements de la journée, faire, en un mot, un bout de causette. Et c'était ainsi tous les soirs.

» Puis on eût dit qu'il aimait faire l'instruction de ses serviteurs. Quand nous voyagions, il n'était pas une ville que l'on traversât sans qu'il n'en fît l'historique. Il permettait qu'on le questionnât. Un jour, je lui dis que j'ignorais la signification du mot *incunable*. Aussitôt, il se leva, prit un livre de sa bibliothèque et me fit la démonstration. D'ailleurs, vous le savez peut-être, un de mes prédécesseurs prit à son contact une érudition telle que, de valet de chambre, il devint bibliothécaire à Chantilly et le demeura fort longtemps. Et nul mieux que lui ne s'entendit à juger des gravures ou des parchemins.

» Tous nous nous serions mis dans le feu pour le prince. La façon dont il nous traitait, et dont je vous ai donné un aperçu, justifiait un pareil dévouement. Jamais Monseigneur ne passa devant ma femme, qui s'inclinait respectueuse, sans saluer en soulevant son chapeau. On a récemment raconté qu'un matin à déjeuner, à Besançon, un jeune officier, nouvellement arrivé à l'état-major, demandait du pain sur un ton un peu vif; le prince, après le repas, le prit à part et lui dit :

» — J'ai ici, mon jeune ami, de très vieux serviteurs, je leur parle avec égards; je désire que l'on fasse de même.

» Un autre jour, à Twickenham, on cassa au prince une partie d'un très joli service de Bohême, auquel il tenait beaucoup... On était désolé, on frémissait à l'idée de la colère du prince. C'est à peine s'il eut un mouvement de contrariété. Une autre fois, on vint lui dire — c'était à Chantilly — que parmi les ouvriers travaillant au château, il y avait un ancien communard. Il se le fit désigner. Au bout de quelques jours : « Eh bien! mais cet homme » est très exact et fait bien sa besogne... son passé ne me regarde » pas. Et puis, il faut bien qu'il mange et qu'il gagne sa vie... »

» Ses libéralités, ses aumônes, les pensions qu'il faisait : le prince entendait qu'on portât tout cela à domicile. « Je ne veux » pas, disait-il, que l'on vienne ici chercher son argent... Je » n'aime pas l'étalage de la charité. »

» Que vous dirai-je, monsieur, conclut l'excellent Charles? En quittant Monseigneur, je pris ma retraite, je n'avais que cela à faire. En effet, après avoir vécu auprès d'un pareil maître, il m'eût été impossible de vivre auprès d'un autre! »

XXIV. — Le duc d'Aumale, par M. Eugène Guillaume, de l'Institut

M. Eugène Guillaume, de l'Institut.—A l'Académie française. — Une succession au fauteuil du duc d'Aumale. — Le 2 mars 1899. — Un éloge. — Admirable portrait.

Le 2 mars 1899, M. Eugène Guillaume, de l'Institut, le doyen de l'Académie des Beaux-Arts, venait prendre possession du fauteuil du duc d'Aumale à l'Académie française.

L'auteur de la belle statue de Bossuet qui décore les jardins du château de Chantilly, a prononcé un discours dans lequel il a su tracer un admirable portrait du duc d'Aumale. On l'y retrouve tout entier suivant la belle expression de M. Mézières : « Soldat, historien, ami des arts, mécène magnifique, passionnément épris de toutes les gloires et de toutes les grandeurs de la France. »

Nous donnons ici la plus grande partie du discours de M. Guillaume :

« Le duc d'Aumale, a-t-il dit, avait fait ses classes au collège Henri IV. Personne n'ignore quels succès il remporta dans les concours universitaires. L'applaudissement en retentissait jusque dans les provinces, et la nation était fière de voir le fils du roi participer aux études de tous et y briller.

» Le duc d'Aumale y montrait déjà, par d'heureuses dispositions, l'historien et l'écrivain qu'il serait un jour. Mais il était prince, et, par sa naissance, il appartenait à l'armée. Sa vocation, une vocation passionnée, l'appelait à l'état militaire. N'ayant pas encore quinze ans, il fut nommé sous-lieutenant d'infanterie. Alors, tout en achevant ses humanités, il se préparait avec un enthousiasme croissant à la vie de soldat. Ce qui l'exaltait, c'était l'idée d'une action de guerre ; ce qu'il envisageait comme la plus belle destinée, c'était aussi bien de conduire une armée victorieuse que de mourir en combattant et d'être le 43e Bourbon tué sur un champ de bataille. Aspirations héroïques qui seront celles de toute sa vie!

» Dès ses débuts en Afrique, où il sert sous les ordres de son

Portrait de M. Guillaume.

frère, le duc d'Orléans, il se signale par des actions d'éclat. Au combat de l'Affroun, il charge bravement. Au col de Mouzaïa, où il arrive des premiers avec les grenadiers et les tambours, à l'instant où l'on plantait le drapeau du 23e de ligne sur la redoute ennemie, il est porté à l'ordre du jour et décoré comme un simple soldat. Parmi les hommes de toutes armes qui avaient rivalisé de courage, en présence de son frère, sous les yeux des autres héros de la journée, des Duvivier, des Changarnier et des Lamoricière, il avait reçu le baptême du feu.

» Une carrière ainsi commencée ne s'interrompt plus. A Médéah, à Milianah, à Boghar, nouvelles citations et nouveaux grades conquis. Bientôt il est colonel du 17e léger, un des plus beaux types de cette infanterie, objet de sa prédilection et à laquelle il a tant travaillé avant de décrire, pour l'avoir vue de près, l'organisation des zouaves et des chasseurs à pied. Mais tout cela n'était qu'un prélude à quelque chose de plus éclatant. J'ai hâte d'arriver à cette campagne qui, dans le prince payant largement de sa personne, nous a révélé le général attentif et bien inspiré, celui qui devait briser la résistance d'Abd-el-Kader. On parlera longtemps encore de l'émir et de sa Smalah, de cette *cité mobile et fuyante* qui échappait même à nos yeux. Aucun Français n'avait jamais approché *cette horde, où le chef réunissait* tout ce qui était nécessaire à la vie d'un peuple et d'une armée. Le maréchal Bugeaud pensa que la Smalah devait être avant tout dispersée. Le duc d'Aumale la surprit, et la formidable agglomération fut détruite. Il avait trouvé l'occasion favorable, il l'avait saisie, et, comme il aimait à le dire, Dieu avait fait le reste. Mais ce qu'il est permis de concevoir, c'est, une fois l'attaque décidée et son plan arrêté, l'ardeur du prince lançant les spahis de Yusuf et les chasseurs du lieutenant-colonel Morris et, en pleine mêlée, chargeant de sa personne. Ce moment réalisait ses rêves et on put reconnaître à sa fougue guerrière le descendant « d'une race qui ne recule pas ».

» Après ce coup qui semblait décisif, quatre années s'écouleront avant qu'Abd-el-Kader, à bout de ressources et d'espérance, vienne se mettre entre nos mains. Le vainqueur de la Smalah, devenu gouverneur de l'Algérie, le reçut à merci. Par sa vigilance et par d'habiles dispositions, il avait rendu ce dénouement inévitable. Matériellement, la conquête était assurée. Vous me pardonnerez, messieurs, d'avoir évoqué ces souvenirs d'Afrique, rappelé l'arme et le numéro de ces régiments. Ce sont choses de mon temps; la gloire militaire du duc d'Aumale en est inséparable et, il m'en souvient, elles ont fait battre le cœur de la France.

» Mais ce n'est pas tout, messieurs; à ces pages si brillantes de l'histoire de nos guerres africaines, il convient d'en ajouter d'autres non moins mémorables. L'honneur du duc d'Aumale est d'avoir poursuivi, en même temps que l'œuvre de la conquête, l'organisation de notre colonie. Sa qualité de fils du roi donnait un grand prestige à sa dignité de gouverneur général de l'Algérie. Sous son autorité, l'élément civil et l'élément militaire étaient également rassurés, et les chef indigènes s'inclinaient, sans craindre de déchoir, devant un prince de sang royal. Créer et perfectionner dans toutes les branches des services publics, garantir aux populations, avec la protection armée, la sécurité légale et les bienfaits d'un travail fécond, tout cela équivalait à des victoires; et par là aussi M. le duc d'Aumale a bien mérité de son pays.

» Trois ans avant d'être appelé au gouvernement de l'Algérie, il avait épousé sa cousine, princesse accomplie, qui appartenait à la maison régnante des Deux-Siciles. Un fils était né de cette union et la duchesse d'Aumale avait rejoint son mari à Alger. Le prince de Joinville et sa famille étaient venus les retrouver. Tout leur souriait. Autour d'eux, tout était bonheur, tout semblait espérance!... Et c'est à ce moment qu'éclata la révolution de Février.

» Cet évènement se produisit vraiment sans résistance. Ce fut un sentiment d'humanité qui dicta à Louis-Philippe son abdication et sa retraite : à aucun prix, il ne voulait faire couler le sang français. Il parut s'incliner devant la révolution comme devant une force légitime. Comme lui, les princes offrirent l'exemple de la plus entière soumission au gouvernement que la France venait de se donner.

» Une pratique, déjà longue de la vie militaire, avait fortifié en eux l'idée du devoir civique. Le duc d'Aumale se retira avec l'impassibilité d'un soldat qu'on relève de son poste. Il partit, laissant dans sa dépêche au gouvernement provisoire et dans son ordre du jour à l'armée l'admirable témoignage de son patriotisme. L'exil commençait pour lui.

» En débarquant à Darmouth, il écrivait à un ami dans des termes qui dépeignaient l'état de son âme, et il se résumait ainsi : « Ne désespérez pas de la patrie. Tous les bons citoyens doivent la servir maintenant plus que jamais. Mon plus ardent désir serait d'y rentrer comme simple citoyen pour en remplir les devoirs... » A quelque temps de là, il disait encore : « Nos pensées sont toutes pour la France et pour nos amis. Pour ma part, j'espère que la République pourra se constituer, qu'elle sera grande et forte, digne de la France. Peut-être alors aura-t-elle place pour tous ses enfants. C'est mon idée fixe : servir encore la France et vivre sous ses lois. » Enfin, un peu plus tard, il ajoutait : « Quant à moi, je ne cherche qu'à constater que je ne suis pas un émigré, que je ne proteste ni contre la France, ni contre ses actes et que je suis toujours prêt à vivre sous les lois de mon pays. »

» Etre Français avant tout, rester Français quand même, servir la France partout où elle peut être engagée, c'est sa foi ; il y sera fidèle.

» Mais le duc d'Aumale n'était pas de ces esprits qui, se renfermant en eux-mêmes, s'abandonnent aux rêves d'une mélancolie stérile. Son activité était extrême : il avait besoin d'agir, de tirer quelque chose de lui-même, de créer. Presque au lendemain de son exil, il pense à entreprendre un travail qui sera son œuvre ; mais il veut étudier avant que d'écrire, et il commence à s'entourer d'ouvrages d'histoire et de littérature. Il s'applique au dix-septième siècle, persuadé que la connaissance de ce temps ne peut que profiter « à son éducation d'homme ». Une visite qu'il fit à la bibliothèque de Windsor lui révéla sa vocation de bibliophile. Il choisit un bibliothécaire. Bientôt, à la passion des livres s'ajoutait l'amour des manuscrits et de toutes les productions des arts. C'était le commencement de ces collections qui sont devenues des musées : c'était, à Twickenham, le début de Chantilly.

» L'idée de nous donner l'*Histoire des princes de Condé* est née de cette noble effervescence de son esprit. Il s'agissait d'abord d'une histoire du grand Condé, avec une introduction et des notes. Mais, peu à peu, le projet se développe. Au milieu des matériaux qui s'accumulent, les remaniements se succèdent: le prince connaît le labeur de l'homme de lettres. Par moments, il se délasse en composant ses notices sur les *Zouaves* et sur les *Chasseurs à pied* et son étude sur *Alésia*. Plus tard, il publiera son histoire de nos *Institutions militaires*. Mais aussi, il visite, et avec quel enthousiasme! les champs de bataille de Turenne et de Condé et ceux de Napoléon. Et, de la sorte, il poursuivait sa tâche. Mme la duchesse d'Aumale s'y dévouait avec tendresse, et souvent des manuscrits entiers étaient récopiés de sa main. En réalité, c'est toujours à la France et à ses gloires qu'il songeait en écrivant, et, dans ses voyages, c'était elle qu'il eût voulu revoir. Par-dessus les frontières, il regardait cette terre chérie et il respirait l'air qui lui venait de la patrie, comme on respire le souffle d'un être aimé.

» Combien il eût été heureux de la servir, de verser son sang pour elle! La campagne de Crimée le remplit d'enthousiasme et le désespère. «Quoi! écrit-il, les zouaves, les chasseurs, les généraux d'Afrique remportent des victoires, et cela sans nous!» Il ne peut s'accoutumer à l'idée qu'il y ait une guerre dans laquelle l'armée française se trouve engagée et qu'il n'en soit pas. Pendant la campagne d'Italie, la nostalgie des armes le ressaisit; car il aime l'Italie et la voudrait indépendante. Il envie son neveu, le duc de Chartres, qui sert dans l'armée de Victor-Emmanuel et combat près de nos soldats. Dans ces circonstances, il désapprouve formellement ses amis d'attaquer la politique du gouvernement impérial. Il est avec l'empereur, puisque la cause de l'empire se confond avec l'honneur de la France et de son armée. C'est l'ardeur belliqueuse d'un preux du moyen âge

inspirée par le patriotisme le plus désintéressé. Et cette grande vertu devait éclater au moment de nos revers. En août 1870, avant la catastrophe finale, voulant répondre à un appel adressé par le gouvernement à tous ceux qui étaient en état de combattre, il offre son épée : un si grand dévouement ne pouvait pas être compris. . . . .
. . . .

» La mort avait frappé autour de lui d'une manière terrible. Son fils aîné, le compagnon de sa vie, le jeune prince de Condé, cet autre lui-même, avait succombé au cours d'un voyage lointain. La duchesse d'Aumale n'avait pas survécu à cet enfant si parfait, qu'elle remerçiait Dieu de lui avoir donné. Maintenant le charmant duc de Guise, son dernier fils, disparaissait, lui aussi, dans la fleur de la jeunesse. Il restait seul! mais rien ne pouvait abattre son âme vaillante. Toujours, il reprenait cètte libre activité de l'esprit que les évènements n'avaient fait que détourner de sa pente naturelle. Il travaillait à terminer l'*Histoire des princes de Condé;* il s'occupait de rebâtir et d'orner Chantilly. On refusait ses services, mais il ne se jugeait pas quitte envers son pays. Sa famille était éteinte; la France devenait son foyer.

» L'histoire des Condé occupa le duc d'Aumale pendant une partie de sa vie. Commencée en 1848, elle fut l'objet d'un travail de plus de quarante ans. Cependant elle n'a pas souffert des interruptions qu'elle a subies, tant elle a été l'objet d'une prédilection constante! En la lisant, on sent que l'auteur a mis son honneur et son amour à l'écrire. Il était l'héritier du nom de Condé.

» Je voudrais donner une idée de ce noble ouvrage, de ce qu'il a de vraiment personnel. Les quatre biographies qu'il contient ont un caractère à part. Ce ne sont pas des vies à la manière de Plutarque qui, comme dit Montaigne (et il l'aime à cause de cela), s'amuse plus aux conseils qu'aux évènements. Ce sont des récits dans lesquels les faits tiennent la plus grande place. Non qu'une haute philosophie politique en soit absente, loin de là.

Mais, tout en restant fidèle à ses principes, l'historien compose et raconte en homme d'action plutôt qu'en moraliste. Dans un sujet où il avait tant d'intérêts, M. le duc d'Aumale s'est très heureusement efforcé de conserver une impartialité supérieure. S'il tourne quelquefois à l'apologiste, il sait s'arrêter à temps et se montrer sévère. Il faut aussi admirer l'unité de l'œuvre, au milieu de la diversité des caractères et des faits. Elle tient à l'historien, à sa ferveur soutenue et à son éloquence. C'est sa pensée que l'on retrouve en maints endroits, c'est lui-même. On y voit paraître sa sincérité parfaite, sa tolérance, son idéal politique si bien équilibré. On y démêle les particularités de son caractère : le patriotisme, la passion des choses militaires, et, avec un amour marqué pour les lettres classiques, le sentiment de l'art. La forme a une plénitude et un mouvement qui ne se démentent jamais. L'érudition est très sûre. Le duc d'Aumale parle de beaucoup de choses anciennes comme quelqu'un qui en aurait été témoin ou qui les saurait par une sorte d'atavisme. En effet, il a été élevé dans un milieu où l'on s'occupait traditionnellement des affaires publiques. Son jugement s'y est formé, et ce jugement était à la fois celui d'un prince et d'un prince de son temps.

» En commençant son ouvrage, le duc d'Aumale n'avait pas l'intention d'écrire l'histoire des premiers Condé. Malgré le talent qu'il apporte à les mettre en relief, la sympathie leur fait défaut. Il est plus inspiré par son sujet et il est plus lui-même, quand il parle du héros de Rocroy. C'est là qu'il faut le chercher.

» Dans l'oraison funèbre du grand Condé, Bossuet, après avoir dit que l'éloquence ne peut rien pour la gloire des âmes extraordinaires et que leurs seules actions les peuvent louer, s'en remet à l'histoire du soin de soutenir la renommée de son héros, par la simplicité d'un récit fidèle. Le duc d'Aumale a entrepris cette tâche, et bien que dans son travail il recherche surtout une exactitude rigoureuse, il s'exalte lui-même en traitant son sujet, et l'on sent dans son entraînante narration quelque chose de la flamme de l'évêque de Meaux.

» A ce mérite l'auteur sait, quand il le veut, ajouter le charme. C'est l'impression que l'on éprouve en lisant le chapitre consacré à l'éducation de Condé. Son père avait résolu de le faire élever suivant un plan qui était, pour son temps, fort extraordinaire. M. le duc d'Aumale en fait ressortir le caractère et la conséquence dans des pages pleines de sympathie. On y voit le petit prince, dès l'âge de neuf ans, suivre, comme externe, les classes du collège de Bourges : il y vit avec ses condisciples sur le pied d'une égalité parfaite. Depuis son enfance, il est séparé de ses parents. Mais, de loin, son père veille activement sur lui; et lui, il écrit respectueusement et tendrement à son père en latin. En réalité, le latin est la base morale de ses études; et c'est dans le commerce de César, de Tite-Live et de Tacite que, de bonne heure, sa belle intelligence se forme, que son génie s'épanouit.

» L'auteur ne se demande pas si cette manière d'isoler l'enfant, et particulièrement de le soustraire à l'influence de sa mère, a été profitable. M. le duc d'Aumale devait beaucoup à la pieuse tendresse de la reine Marie-Amélie. Mais c'eût été s'écarter de son sujet. Il lui suffisait de montrer sa prédilection pour des enseignements publics qui avaient servi de modèle à ses propres études, et aussi son patriotisme latin. Les allusions aux avantages de la camaraderie et à la direction affectueuse de maîtres éclairés sont touchantes; et l'on aime voir revivre un instant, dans le prince et dans l'historien, l'élève du collège Henri IV.

» Les hautes qualités de l'historien sont singulièrement frappantes dans tout ce qui touche à la vie militaire de Condé. Là, M. le duc d'Aumale est dans son élément préféré, et il s'y déploie avec une supériorité qui nous captive. Il possède la science de la guerre et il en a l'érudition. A sa suite, il est d'un intérêt extrême d'entrer dans le conseil des plus illustres capitaines, de voir se dérouler les campagnes dans leurs phases logiques, d'en comprendre le succès ou la catastrophe. Le récit des batailles et des simples rencontres est d'une lucidité merveilleuse, tant chaque fait est bien étudié! Le terrain est minutieusement décrit, car tout sert dans un combat. Grâce aux relations, aux peintures et aux dessins du temps, grâce aux explorations qu'il est allé faire sur place, l'auteur reconstitue l'arène où les armées se sont mesurées comme en champ clos. Même exactitude pittoresque, quand il s'agit de l'action elle-même. Certes, refaire Rocroy après Bossuet était une tâche redoutable; et pourtant le récit du prince, récit tout de geste, arrive aussi à un effet puissant. Ce qui enivre l'historien et ce qui nous enivre nous-mêmes, c'est sa propre vaillance. La gloire militaire héroïquement conquise, voilà son rêve. Il admire Condé à la fois général et soldat; habile à ordonner une bataille ou un siège, et, « sang et poussière », emportant la victoire l'épée à la main. Aussi quand, dans ses lettres et dans ses carnets, parlant de ses neveux, M. le comte d'Eu, et plus tard de M. le comte de Paris et de M. le duc de Chartres, qui se sont brillamment conduits à la guerre, il applaudit à leur courage, il met, à les louer, tout son cœur.

» On pourrait détacher, pour les placer dans un manuel de haut enseignement civique, les belles pages dans lesquelles le prince se prononce sur la trahison de Condé. A ceux que les circonstances, mauvaises conseillères, pourraient pousser au crime contre la patrie, il trace le chemin et montre de quel côté la conscience doit chercher sa lumière. Lui-même est en exil; il se juge innocent, et sa situation donne à ses paroles l'autorité d'une sentence. Rien à ses yeux n'atténue la faute de Condé. Il louera, chez le prince, l'homme de guerre incomparable, mais, en lui, condamnera sans réserve le factieux qui, pour une offense toute personnelle, s'est tourné contre son pays.

» Condé a racheté sa faute par son repentir et par ses victoires. Dans la galerie, où sont représentées ses actions, on a placé, par son ordre, à côté de ses trophées, un tableau dans lequel il a devancé les sévérités de l'histoire. Mais il continua de vaincre. Quand il fut appelé à poursuivre les opérations de Turenne en Alsace, il fit alors la plus belle de ses campagnes. Rien que par une stratégie incomparable, sans engager de bataille, presque sans verser une goutte de sang, il obtint un succès complet : nous restâmes maîtres de la rive gauche du Rhin. M. le duc d'Aumale le constate avec admiration, et il termine ainsi le récit de cet évènement mémorable : « Lorsque le dernier soldat de l'empire eut quitté le sol de l'Alsace, le sol de la France, Condé remit au fourreau son épée, qui n'en devait plus sortir. »

» Pas un mot de plus : ici l'historien s'arrête brusquement; c'est comme un grand silence, sous lequel se cachent des sentiments douloureux et profonds... Nous aussi, messieurs, renfermons en nous-mêmes l'expression de cruels regrets; mais pensons toujours à notre frontière, telle que l'avait laissée Condé.

» L'histoire éloquente de Condé doit être lue et méditée. Le récit des dernières années du héros achève de nous donner l'idée de l'homme extraordinaire qui était en lui. Quelle âme vraiment supérieure! M. le duc d'Aumale excelle aux portraits, ce qui est, ce me semble, le brevet de l'historien. Plus versé que personne dans l'iconographie, il reconstitue l'iconographie morale des personnages auxquels il veut laisser une marque. Condé, à Rocroy ou à Chantilly, est représenté au vif. Le parallèle de Condé et de Turenne n'était plus à faire; mais celui de Gondi et de Mazarin est un morceau parfait. Comme les maîtres de son art, l'auteur a l'épithète formelle et pittoresque qui fait revivre les hommes et les pays. Tout à coup, quelque personnage sort de l'ombre, grâce à une touche ou à un trait qui lui donne le relief de la réalité. Les spectacles de la nature le frappent : en quelques mots qui font image, il les note dans ses lettres avec le récit de ses combats. Ecrivain, il sait toujours nous donner la représentation intellectuelle des faits et des choses. Son œuvre est d'un artiste aussi bien que d'un soldat. »

Arrivé à ce point de son discours, M. Eugène Guillaume nous montre le duc d'Aumale protecteur des arts.

« Le goût des arts, dit-il, était très vif dans la famille d'Orléans. Plusieurs des enfants du roi Louis-Philippe avaient reçu les leçons d'Ary Scheffer et d'Alaux. La princesse Marie nous a laissé cette statue de Jeanne d'Arc qui est d'une inspiration si pure. Le duc d'Aumale était né avec un grand sentiment de l'ordonnance et de la beauté. En rétablissant Chantilly, si cher aux Condé, il a fait une œuvre d'art.

» Heureux privilège d'un vieux pays de France, Chantilly a toujours été considéré comme un séjour délicieux. A la Renaissance, du temps des Montmorency, sous les Condé, pendant le règne de Louis XIV, et après la Révolution, qui en avait fait une ruine, l'impression était la même. Avec les gravures et les tableaux, on peut donner une idée du château à différentes époques, mais on ne saurait en faire comprendre l'agrément. A quoi cela tient-il? Est-ce au ciel largement ouvert, dont un grand lac double la clarté? Est-ce à l'admirable cadre formé par la forêt? Est-ce aux eaux courantes et à la disposition des jardins? C'est à tout cela, et aussi à quelque autre chose impossible à définir, bien qu'on en soit pénétré. Il y a là un charme très grand qui s'exerce; et le charme ne se décrit pas.

» C'est sur le soubassement de l'ancien manoir que M. le duc d'Aumale a fait construire ce nouveau Chantilly, dont il vous a confié la garde. Pour lui, rien ne se faisait à la légère. Voulant accomplir une œuvre nouvelle, mais, considérant l'histoire du lieu et des convenances qui lui parurent s'imposer, il lui sembla qu'il devait, sans trop s'y asservir, adopter le style de la Renaissance française. Mais il lui fallait rencontrer un architecte capable d'entrer dans ses intentions, et il le trouva dans un de nos confrères de l'Académie des beaux-arts. Artiste du goût le plus pur, constructeur éprouvé, esprit très ouvert, caractère profondément déférent, et aussi, ce qui était fort apprécié du prince, capable d'une douce résistance, M. Daumet était l'homme le plus apte à réaliser un pareil projet; et il s'est acquitté de sa tâche avec un plein succès.

» Comme il est vivant et moderne, l'édifice si heureusement inspiré de notre architecture du seizième siècle! Comme ses silhouettes, dans leur variété, rendent bien compte des principales dispositions intérieures du noble logis! La partie la moins élevée, celle qui porte le nom de Jean Bulland, et qui a été tout au moins bâtie d'après ses conseils, est réservée à l'habitation. Le grand palais est destiné à la réception et au musée. Voici l'entrée principale marquée par sa couverture en forme de coupole; voici les galeries avec leur comble horizontal; voici les tours avec leur couronnement arrondi; la chapelle avec sa flèche et ses clochetons. Quelle diversité et quelle harmonie; quelle élégance dans la réunion de tant d'éléments!

» Dans ce palais si riche sont rangées les collections, plus précieuses encore. Ce sont les peintures et les dessins, les manuscrits et les livres, les archives et les œuvres d'art: vases, bronzes, terres cuites et émaux. C'est un ensemble magnifique. Et il faut bien le dire : ce n'est pas le cabinet d'un amateur, c'est un musée. Souvent les collections particulières témoignent d'une prédilection pour certaines époques ou pour certains talents. Le Musée de Condé reçoit dans une large mesure les ouvrages remarquables de toutes les écoles et plusieurs sont des merveilles. Ils sont rangés de telle sorte que chacun se trouve dans les conditions qui lui sont le plus favorables. Le prince, si éminent historien, n'a pas voulu imposer à ses tableaux l'ordre historique. Il a pensé que l'art et l'histoire méritaient de n'être pas confondus. Et, en effet, quelle différence! L'une s'adresse à l'intelligence : c'est une science. L'autre fait appel au sentiment. Quand une date est établie, c'est une notion acquise; on n'y revient plus. Mais un chef-d'œuvre nous captive et nous laisse inassouvis. On le revoit sans pouvoir épuiser son admiration, sans en pénétrer le mystère. L'histoire et l'art ne nous intéressent pas de la même manière. La première établit des divisions et des cadres fermés. Le second nous instruit surtout de nous-mêmes, en nous révélant des sentiments personnels si profonds qu'aucune langue ne peut les exprimer, et que la limite en est inconnue. Souvent une galerie, purement historique, nous laisse quelque mélancolie. Le musée de Condé est plein d'allégresse et de vie; les belles œuvres y brillent et l'éclairent. C'est le domaine de l'idéal.

» Ceux qui ont eu la bonne fortune d'avoir M. le duc d'Aumale pour guide, parmi les collections de Chantilly, sont dignes d'envie. Le prince était un exégète et un nomenclateur incomparable. Non seulement il savait en perfection l'histoire de l'art; mais dans les explications qu'il donnait, l'histoire générale aussi bien que la légende le servaient à souhait; les anecdotes venaient naturellement animer son discours. Puis, c'étaient les appréciations personnelles, toujours délicates ou profondes. Témoin, sa gracieuse interprétation des *Trois Grâces* de Raphaël, dans lesquelles il se plaisait à voir les trois âges où s'exercent les séductions de la femme; témoin aussi son appréciation si pénétrante de la *Vierge d'Orléans*. Mais c'était surtout quand il parlait devant les portraits, qu'il y avait profit à l'écouter. Dans ses commentaires trouvaient place et ce que l'on sait positivement des personnages représentés et ce que la chronique leur attribue. Avec quelle finesse il touchait à leur caractère, à leurs aventures et à leurs amours! C'était une autre érudition, dont il s'était interdit de faire usage dans ses livres, mais qui apportait souvent un complément piquant à la vie de Condé. Les crayons du seizième siècle fixaient particulièrement son attention, et, dans le nombre, sa préférence était pour ceux qui représentaient des personnages ayant aimé la France, comme Mme Marguerite, sœur de Henri II, qui, ayant épousé Emmanuel-Philibert de Savoie, n'en continua pas moins à chérir son pays par-dessus tout au monde.

» Je ne sais si, chez lui, le bibliophile était supérieur à l'amateur d'œuvres d'art. En tout cas, il en était très différent, et l'on peut dire que, dans ses librairies, cabinet des livres et bibliothèque, il n'était plus le même que dans son musée. Quand il en montrait les richesses, son attitude tenait du respect. Parmi les manuscrits, il y en avait qu'il se réservait de faire voir et de manier lui-même : par exemple, le psautier de la reine Ingeburge, lequel avait appartenu à saint Louis; le demi-bréviaire et la légende dorée de Jeanne d'Evreux portés, ainsi que le psautier, aux inventaires du roi Charles V. Il les feuilletait religieusement, il les considérait comme un lointain héritage. Aussi le commentaire était-il différent. Rien n'y était laissé à l'improvisation piquante ou sérieuse; tout y était donné à une appréciation érudite et à une science émue.

» Jamais le prince ne fit les honneurs de sa maison avec plus de courtoisie et d'entrain, ne se donna davantage que le jour où il vous reçut à Chantilly à l'occasion du centenaire de l'Institut. A ce moment, en dépit de ses infirmités, il remplissait le château du sentiment de sa présence : il était comme le génie du lieu. Le souvenir, que nos confrères étrangers en ont gardé, a été le plus brillant qu'ils aient emporté de notre pays.

» Les collections de Chantilly ont une valeur immense : chacun des objets qu'elles renferment a du prix. Pour les réunir, M. le duc d'Aumale n'a rien épargné. Sans doute il éprouvait une vive satisfaction à les voir si belles. Cependant, il y avait des pièces uniques auxquelles, s'il ne se fût agi que de lui, il n'eût pas cherché à prétendre. Mais il les voulait; et si quelqu'un eût pensé à le taxer de prodigalité, il pouvait répondre ce qu'il dit un jour en acquérant un tableau, admirable à la vérité, mais qu'il payait d'une somme énorme : « C'est pour la France! » M. le duc d'Aumale se plaisait à vivre au milieu de ces trésors qui servaient d'aliment à sa pensée. Son œuvre lui souriait. De quelque côté qu'il tournât son esprit, il goûtait la satisfaction d'avoir accompli une grande tâche et de se sentir aimé. Ah! sans doute, sa demeure n'était pas animée comme elle eût dû l'être. Son foyer était désert. On ne peut visiter sans émotion la partie réservée du château de Chantilly.

» Au milieu de ses épreuves, M. le duc d'Aumale se réfugiait dans un grand amour : accablé de deuils, il trouvait à vivre sous le ciel natal un adoucissement à ses douleurs. Et puis, notre démocratie est douce. N'exerce-t-elle pas un attrait infini? Tant de princes étrangers viennent les uns se retremper dans le milieu si libre qu'elle leur ouvre, les autres, se confier sans réserve à son humanité sympathique. Quelques-uns, qui avaient régné, ont été ses hôtes et ont achevé chez elle, entourés de respect, une existence tourmentée. Mais, lui, bien plus que le repos, appréciait l'activité féconde de notre pays. Ce qu'il aimait, c'était l'esprit de la France tel qu'il brille dans nos grandes institutions nationales. Rappelez-vous combien il fut fier de vous appartenir et (ce sont à peu près ses paroles) d'entrer dans une compagnie qui porte le nom de la patrie. En parlant ainsi, il était sincère. Dans ses sentiments, la confraternité académique prenait le pas sur la camaraderie militaire, que cependant il portait si haut. Il considérait l'Institut comme une haute émanation du génie français, comme une famille permanente dont il était membre, comme la famille de son esprit. Et son estime et son affection étaient telles qu'il vous a légué, avec Chantilly, les plus précieuses, les plus intellectuelles de ses richesses. . . . . .

. . . .

» M. le duc d'Aumale a passé les dernières années de sa vie, unissant dans son cœur l'amour passionné du bien avec l'amour de son pays. Mis par l'opinion au-dessus des partis, ayant, dans l'avenir, assuré l'exécution de ses volontés et sûr de laisser à la France des richesses inappréciables, unies au souvenir des noms d'Orléans et de Condé, entouré de la vénération de tous, il jouissait de ce qu'il avait créé. Il jouissait de la vie.

» Au printemps de 1897, il était venu passer quelques jours dans sa propriété du Zucco. C'était une autre de ses créations, bien différente de Chantilly. L'habitation y est d'une simplicité extrême. Mais au dehors, à l'ombre des platanes, on jouit d'une vue admirable sur les champs cultivés, sur les montagnes aux formes hardies et sur la mer étincelante. En présence de ce spectacle, respirant le parfum des orangers en fleurs, des jasmins et des roses, le prince invoquait les muses de Sicile, là même où Théocrite et Virgile avaient chanté.

» C'est dans ce beau pays que la mort l'attendait. Il y était entouré de plusieurs membres de sa famille, quand, au milieu des joies pures qu'il goûtait dans ce cercle aimé, il apprit une nouvelle effroyable : l'incendie du Bazar de la Charité. Une princesse de son étroite parenté y avait péri, victime du devoir. Cette catastrophe le frappa au cœur. Peu après, atteint dans la nuit d'un mal subit, il succombait en quelques instants. Fin rapide, pareille à cette mort du soldat qu'il enviait toujours.

» A ceux qui accomplissent le pèlerinage du Zucco, on montre la petite chambre où sa vie s'est exhalée, où tant de larmes ont coulé. La mort l'a emporté par surprise et aucune de ses volontés suprêmes n'a pu être exécutée. Mais des mains pieuses ont enveloppé son cercueil dans les plis du drapeau tricolore, de ce drapeau à l'ombre duquel son père avait combattu, sous lequel il lui avait été donné de servir et de vaincre, qu'il faisait flotter à Twickenham sur sa maison d'exilé, qu'il a défendu à la tribune avec éloquence. Ses funérailles ont été celles d'un général d'armée; son éloge a été prononcé jusque devant les autels. Pour vous, messieurs, après vous être associés à ces derniers hommages, vous en aurez écarté l'impression funèbre, pour ne plus voir M. le duc d'Aumale que plein de vie, dans l'intégrité de son intelligence et de son activité généreuse, tout entier, tel qu'il était parmi vous. Vous êtes toujours les dépositaires de sa pensée; elle est à la France, et vous ne la laisserez pas languir.

» France! France! ce mot que j'ai répété si souvent n'est revenu tant de fois sur mes lèvres que pour exprimer un sentiment dont M. le duc d'Aumale n'a jamais cessé d'être pénétré. La France l'a inspiré et consolé; elle a été sa force et son amour, sa passion sacrée. »

XXV. — La statue du duc d'Aumale a Chantilly

La ville de Chantilly reconnaissante. — Une souscription publique. — La journée du dimanche 15 octobre 1899. — La statue de M. Gérôme. — Un chef-d'œuvre. — Les discours. — Superbe allocution du général Guioth.

Afin de témoigner sa respectueuse reconnaissance au duc d'Aumale, la municipalité de la ville de Chantilly avait ouvert une souscription publique pour élever un beau monument au vainqueur d'Abd-el-Kader.

Les fonds recueillis rapidement ont permis l'exécution d'une très belle statue, dont l'inauguration a eu lieu, en grande pompe, le dimanche 15 octobre 1899.

Cette inauguration a eu lieu avec toute la solennité désirable : l'Armée et l'Institut y étaient représentés par leurs membres les plus éminents, et, quant à la population, elle a marqué par son empressement à célébrer cette belle mémoire, combien elle garde le souvenir de l'illustre prince.

Je reproduis ici une partie de l'article de journal que j'ai écrit au retour de l'inauguration :

« Placée au centre de la cour d'entrée, en face de la porte principale du château, l'œuvre de M. Gérôme a véritablement belle allure. Sur un piédestal de forme ovale, haut de 4 mètres 50, se dresse la statue équestre; le duc d'Aumale, représenté en grand uniforme de général de division, salue d'un geste large et simple, la main droite tenant le chapeau, le bras allongé et pendant. La tête fine, avec une grande douceur d'expression, est droite; le regard semble lumineux et profond. Le cheval, tenu au repos, est d'une ligne et d'une anatomie remarquables.

» Deux bas-reliefs ornent le piédestal : l'un représente la prise de la Smalah, le 16 mai 1843, l'autre la soumission d'Abd-el-Kader, le 23 décembre 1843. La statue et les bas-reliefs sont revêtus d'une patine dorée lumineuse, rappelant celle dont Frémiet a recouvert sa *Jeanne d'Arc* de la place des Pyramides. L'ensemble est d'un grand effet, et la statue du duc d'Aumale restera certainement comme l'un des meilleurs monuments érigés depuis longtemps. Le piédestal a été dessiné par M. Daumet, architecte.

» On lit cette inscription sur le piédestal :

A
HENRI D'ORLÉANS,
DUC D'AUMALE,
La Ville de Chantilly.
1899.

» Les vieux serviteurs du château et les porte-drapeaux des diverses sociétés locales font comme une garde d'honneur au monument.

» Dans les tribunes, on remarque le prince de Joinville, dont la belle allure frappe tous les assistants; le duc et la duchesse de Chartres, le duc de Penthièvre, le prince Henri d'Orléans, représentant la maison de France.

» Le général Avon, le général Pau, le général Mouton, le général Guioth, les colonels Besson et Valuy, et des délégations du 2e hussards et du 92e de ligne, que commanda le duc d'Aumale, représentaient l'armée.

» Enfin, l'Institut avait délégué MM. de Bornier, G. Boissier, Croiset, Wallon, Becquerel, Dehérain, Jules Lefebvre, Larroumet, Aucoc, Georges Picot, Gérôme, sculpteur; Daumet, architecte du Domaine; Mézières, Delisle, Gruyer, conservateurs du musée Condé; Jules Claretie, comte d'Haussonville, Philippe Gille, Frémiet, Dareste, duc de Broglie, de Foville, Luchaire, Stourm, Lefèvre-Pontalis, Corroyer, Chaplain, Hébert, Merson, Henry Roujon, Guillaume, Moyaux, Jules Thomas, Th. Dubois, Cormon, Vaudremer, Ferrier, Detaille, A. Morot.

» L'administration était représentée par M. Paul, préfet de l'Oise, et M. Audigier, sous-préfet de Senlis, et le conseil général du département par MM. Cuvinot, Chovet, Dupuis, Chevalier, Franc-Chauveau et Gaillard.

Statue Équestre érigée à Chantilly en 1899.

» Quelques dames assistaient à la cérémonie, parmi lesquelles la comtesse Vigier, Mme d'Hauteroche, la comtesse de Kersaint, la baronne James de Rothschild, etc.

» Le maire de Chantilly prit le premier la parole; son discours témoigna du respect et de la gratitude des habitants de la ville envers la noble mémoire du duc :

» Le prince, a-t-il dit, avait toujours témoigné à l'administration de notre ville, à ses habitants, à ses pauvres, une sollicitude qui appelait notre reconnaissance.

» Nous étions heureux de la lui exprimer lorsque nous avions l'honneur de l'approcher. Nous voulions l'affirmer par un hommage qui lui survivrait.

» Nous sentions aussi, et plus encore, s'il est possible, combien, par sa présence, par ses actes, le duc d'Aumale avait illustré Chantilly.

» Sa vie qui, de façon si haute, si ferme, si constante, s'inspire de l'obéissance aux volontés du pays et du plus pur dévouement à la patrie, marque, par ses faits de guerre comme par ses travaux de la paix, une page brillante et puissante de notre histoire nationale.

» D'autre part, en fixant sa demeure dans le domaine des Condé, en reconstruisant le château de Chantilly, « en y accumulant tant de richesses littéraires et artistiques pour augmenter la gloire intellectuelle de la France », le prince a fait un « chef-d'œuvre » qui donne à notre chère petite ville un bienfaisant et incomparable éclat.

» Tout nous commandait, on le voit, d'honorer de si grands souvenirs.

» Nous l'avons entrepris simplement, sans bruit, avec confiance.

» Nous ne savions pas au début ce que nous pourrions faire. Mais les dons sont venus à nous, empressés, nombreux, attestant, par leur variété touchante, la bonne volonté de chacun, nous montrant de la manière la plus encourageante et la plus bienveillante, que nos sentiments étaient compris et partagés.

» Nous demandions alors son concours à un maître éminent qui a bien voulu répondre à notre appel avec l'ardeur de sa nature généreuse et de son attachement à la plus illustre amitié.

» Comment remercier autant que nous le voudrions tous ceux qui nous ont donné une aide si décisive, ou plutôt, qui ont travaillé avec nous et mieux que nous à la réalisation de nos vœux? Nous avons souhaité ce monument, nous en avons pris l'initiative et nous en serons les gardiens.

» Mais nos donateurs — dont les noms seront conservés par nous avec reconnaissance dans nos listes de souscription — ont été les véritables ouvriers de l'œuvre que nous découvrons aujourd'hui.

» Qu'ils reçoivent, ainsi que MM. Gérôme et Daumet, l'hommage de notre infinie gratitude.

» Avec eux, dans une commune pensée de pieuse et légitime fierté, Chantilly peut montrer à ses enfants, à ses visiteurs, à ses amis, un témoignage public rendu, sous une forme noble et durable, à Henri d'Orléans, duc d'Aumale, à celui dont on a pu dire si bien que « la France a été sa force et son amour, sa passion sacrée ».

» Après cette allocution, M. Gaston Boissier, secrétaire perpétuel de l'Académie française et l'un des conservateurs du musée Condé, M. Henri de Bornier, de l'Académie française, prirent la parole tour à tour, pour remercier la ville de Chantilly et saluer d'un dernier hommage celui qui, en léguant à l'Institut de France ce beau domaine et ces merveilleuses collections, ces admirables chefs-d'œuvre, avait voulu en quelque sorte que la France entière héritât de ce qu'il laissait après lui de précieux.

» Voici la belle pièce de vers de M. Henri de Bornier, poétique hommage au soldat et au patriote :

POÉSIE DE M. DE BORNIER

Je regardais, du haut des remparts d'Aigues-Mortes,
La ville resserrée entre ses treize portes.
Au loin la vaste mer, deux golfes, et, plus près,
Le Rhône, qui se perd dans les larges marais;

Et je me dis : ces murs, ces flots, ce promontoire,
Gardent les souvenirs de notre vieille histoire ;
C'est sur ces sables d'or, c'est de ce golfe bleu,
Que saint Louis partit, selon l'ordre de Dieu,
Comprenant, dans la route où le devoir l'attire,
Que la gloire est plus belle en devenant martyre !
— Et tous pensaient ainsi : chevaliers, peuples, rois ;
Tous accouraient, poussés hors de leurs pays froids
Par leurs instincts nouveaux ou par leur foi première,
Pour conquérir au loin les pays de lumière !
D'où venait, d'où vient donc cette sublime foi ?
Depuis douze cents ans, quel mystère est en toi,
Pour la juste conquête ou pour la délivrance
Pourquoi tressailles-tu toujours, terre de France ?
— Il répondra, ce prince à l'œil grave et serein,
Ce soldat qui revit dans le bronze et l'airain.

Château de Chantilly, murailles féodales,
Où le pas des héros semble empreint sur les dalles ;
Créneaux mystérieux, où le rêveur croit voir
L'ombre du grand Condé dans les brumes du soir ;
Marbres, jardins profonds, étangs, forêts, eaux vives,
Où les héros avaient les penseurs pour convives,
Gloire des jours présents, gloires des anciens jours,
Tombeaux sacrés, berceau des royales amours ;
C'est là qu'il serait doux, au gré de son envie,
D'échapper à la gloire et d'abriter sa vie.
Tout ce qui brille ou charme en ces lieux enchantés
Disait : Prince, restez ! L'honneur disait : Partez !
Il partit. — Ses combats, son calme, son audace,
Les déserts africains en garderont la trace.
Mais vous voulez encor consacrer hautement
Tous ces fiers souvenirs par ce fier monument.
— Quand il eut accompli ses beaux rêves de guerre,
Il songea qu'il faisait d'autres rêves naguère,
Qu'il pourrait vivre ici pour les arts de la paix,
Dans les loisirs féconds... Prince, tu te trompais,
Aux princes de nos jours, race vingt fois meurtrie,
Il faut plus d'un exil pour revoir la patrie !
Il revint cependant. — L'âme et le cœur en deuil,
Un dernier rêve était permis à son orgueil :
C'est que la mort le prit sur un champ de bataille !
La mort ne voulut pas. — Résigne-toi, travaille ;
Les exploits de tes grands ancêtres, écris-les ;
Entasse les trésors de l'art dans ce palais ;
Augmente, dans l'ardeur de ta noble espérance,
Ces merveilles... et puis, donne-les à la France !

— Courage, dévouement, travail, c'est pour cela
Qu'il a vécu. Vivons ainsi. L'exemple est là!

Il semble maintenant que sa haute statue
Doit rester là toujours, d'ombre ou d'azur vêtue,
Et, comme elle, rivé loin des libres sommets,
Que ce cheval d'airain ne hennira jamais!
— Qui sait? Dieu seul connaît et permet le mystère :
Un souffle tout à coup peut passer sur la terre,
Qu'il vienne de Rocroy, qu'il vienne de Valmy,
Une voix qui dira : France, c'est l'ennemi!
— Alors, le cavalier d'airain, droit sur la selle,
Interrogeant l'espace où la foudre étincelle,
Humant l'air des combats, ne sachant rien sinon
Qu'un général français doit marcher au canon,
De son blanc piédestal, sous la nue enflammée,
Descendra pour rejoindre au plus tôt notre armée;
Dans les rangs ennemis, son cheval hennissant
L'emportera parmi la poussière et le sang,
Et le noir chevaucheur, coutumier de l'orage,
Criera : « Soldats français, courage encor, courage!
Elus pour le martyre ou pour la gloire élus,
Place! place pour moi! C'est un soldat de plus! »

M. Gustave Larroumet, de l'Institut, en une belle improvisation, a rappelé ensuite les vertus privées et militaires du duc d'Aumale, les souvenirs illustres qui s'attachent à son nom; il a rendu un hommage sincère et ému à la mémoire de ce soldat qui, après avoir voulu faire l'histoire, a voulu l'écrire en de belles pages, et a rappelé aussi que, lors de son second exil, l'Académie française lui envoyait une médaille à son effigie et que, quelques années auparavant, un des membres de l'Institut avait fait son portrait, le représentant aux heures les plus glorieuses de sa vie.

M. G. Larroumet termina en disant que le peintre et statuaire Gérôme avait eu le grand honneur, en restituant la noble figure du duc d'Aumale, de livrer une œuvre superbe à la postérité.

Parlant après M. Larroumet, le général Guioth, administrateur des domaines de Chantilly, ancien aide de camp du duc d'Aumale, s'est surtout attaché à rappeler la glorieuse carrière militaire de l'ancien et vaillant soldat d'Afrique, puis a rappelé quelques souvenirs émus en un langage digne de la belle figure dont il parlait.

« Les brillants services de guerre du duc d'Aumale, dit-il, le plaçaient de pair avec les plus illustres généraux de l'armée d'Afrique, les Changarnier, les Lamoricière, les Cavaignac, qui tous l'entouraient d'une respectueuse estime. Aussi se trouva-t-il tout désigné pour remplacer en 1847, comme gouverneur général de l'Algérie, le maréchal Bugeaud, lorsque celui-ci exprima le désir de rentrer en France pour se reposer de ses travaux et de ses victoires.

» La trop courte administration du jeune gouverneur général devait laisser sur la terre d'Afrique une empreinte profonde...

» La prospérité de l'Algérie prenait un essor inconnu, lorsque la révolution de février 1848 vint briser la carrière militaire du duc d'Aumale. En soldat dévoué avant tout à son pays, le duc d'Aumale croit de son devoir de s'incliner devant les faits accomplis et prend congé de ses troupes par un admirable ordre du jour, où éclate toute la grandeur de ses sentiments patriotiques. Il quitte Alger, suivi des regrets de la population comme de l'armée.

» Le duc d'Aumale ne reverra la France que vingt-trois ans plus tard, et il aura l'immense douleur de la retrouver vaincue et mutilée. Les travaux qui allègent pour le prince le poids de ce long exil ont tous un caractère essentiellement militaire : ce sont des études sur les troupes d'Afrique (zouaves et chasseurs à pied), sur les institutions militaires de la France, sur les campagnes de César dans les Gaules; puis vient l'*Histoire des Condés* qui donnera lieu à des récits de batailles rarement égalées. Il poursuit en même temps l'étude critique des mémoires de Napoléon, de Frédéric, de Gouvion Saint-Cyr et développe ainsi son propre génie militaire.

» Avec quel intérêt ne suit-il pas les succès de nos armées en Crimée et en Italie? il est fier d'y applaudir, tout en se désespérant de ne pouvoir prendre sa part de leurs périls et de leur gloire.

» L'entreprise du Mexique l'inquiète; la campagne de 1866

lui révèle de nouveaux dangers pour la France. Accompagné de son neveu, le duc de Chartres, il parcourt les champs de bataille de la Bohême pour étudier sur place la tactique de l'armée prussienne, dans laquelle il devine l'ennemi de demain. 1870 arrive ! Le duc d'Aumale offre en vain son épée au gouvernement impérial et à celui de la défense nationale ; il lui faut assister impuissant au désastre de la Patrie !...

» Tant de coups répétés ne peuvent abattre son courage. Il a retrouvé sa patrie, il peut encore la servir. Sa famille et des amis dévoués l'entourent ; l'Académie française lui ouvre ses rangs. Le prince ne fait que traverser l'Assemblée nationale, pour se consacrer entièrement à la réorganisation de notre puissance militaire.

» Rétabli dans son grade, il est appelé successivement au conseil de défense, puis au conseil supérieur de la guerre. Il y retrouve ses anciens lieutenants de l'armée d'Afrique : les Mac-Mahon, les Canrobert, les Ladmirault, les Bourbaki, les Ducrot, les Chanzy ; il s'y fait bientôt remarquer par la clarté de ses vues et la hauteur de ses conceptions stratégiques. En 1873, une pénible mission s'impose au plus ancien divisionnaire de l'armée, celle de présider le conseil de guerre de Trianon.

» On sait avec quelle magistrale autorité le prince dirigea ces douloureux débats, au cours desquels jaillit l'expression de son amour passionné pour la France ! Enfin ses vœux sont comblés : il est appelé au commandement du 7e corps à Besançon. Son premier soin est de remettre en état cette héroïque place de Belfort, à peine délivrée de l'occupation allemande, de compléter les ouvrages de Besançon et de Langres, de relier les défenses des Vosges à celles du Jura, pour couvrir la concentration de l'armée qui doit lui être confiée en temps de guerre.

» Il prépare dans le plus grand détail la mobilisation de son corps d'armée, qui, sur la frontière, doit être presque instantanée. Il reconnaît lui-même tous les passages de montagne, toutes les positions à tenir. Mais, par dessus tout, il s'occupe d'instruire et d'entraîner ses régiments, car il pense, avec le grand Condé, que la défense des Etats repose, non sur des fortifications, mais sur une armée de campagne toujours prête à l'offensive.

» Ainsi passent pour lui, dans une incessante activité, six années de sa vie consacrées tout entières au service du pays.

» En 1879, le duc d'Aumale est chargé d'une inspection d'armée et reçoit la mission de visiter toutes les places de l'Est entre la Belgique et la Suisse, ainsi qu'une partie de la frontière d'Espagne. Cette mission le conduit depuis Givet jusqu'à Montlouis; il reçoit partout un accueil aussi respectueux que sympathique.

» Ce voyage d'inspection devait être le dernier acte de la vie militaire du duc d'Aumale...

» Je termine, Messieurs, par un trait qui dévoile la pensée intime, la pensée maîtresse du duc d'Aumale. Pendant plusieurs années, comme vous avez pu le remarquer, la coupole du grand escalier du château resta inachevée; on discutait le projet de la fresque qui devait la décorer. Mais, dans son for intérieur, le prince se réservait d'en fixer le sujet lorsqu'il pourrait faire inscrire au-dessous cet exergue : « *Patriæ finibus restituis.* »

XXVI. — UNE LETTRE DE VICTOR HUGO

Le duc d'Aumale membre de l'Académie des Beaux-Arts. — Une notice. — L'abandon des monuments de l'ancienne France. — Le 17 juillet 1880. — La lettre de Victor Hugo.

Le duc d'Aumale avait été élu membre de l'Académie des Beaux-Arts en remplacement de M. le comte de Cardaillat, ancien directeur des bâtiments civils.

Dans la notice, que, suivant l'usage, il consacrait à son prédécesseur, et qu'il lut à la séance du 17 juillet 1880, le prince avait été amené à parler des monuments de l'ancienne France, de l'abandon dans lequel on les avait trop longtemps laissés; il avait heureusement rappelé les essais de réaction qui s'étaient produits à diverses époques : les travaux du Père Montfaucon, au XVIIIe siècle, les efforts d'Alexandre Lenoir en pleines secousses de la Révolution, et ceux faits par Taylor et ses amis, durant les premières années de la Restauration.

« Ces efforts restèrent infructueux. La poussière couvrit les in-folio de Montfaucon, oubliés sur les tablettes de quelques bibliothèques; le musée de Lenoir fut promptement dispersé; Taylor ne put achever la publication de son grand Voyage. Il fallut que le souffle d'un grand poète vînt soulever l'opinion et féconder les tentatives de quelques esprits hardis. Pour la France du XIXe siècle, *Notre-Dame de Paris* fut ce que les fouilles de Rome avaient été pour l'Italie du XVIe siècle, une révélation!

» Ce fut d'abord une sorte de fièvre gothique, et, comme au début, la saine critique faisait un peu défaut, il y eut quelque trouble; les premiers résultats obtenus ne furent pas tous également heureux... Puis l'horizon s'agrandit; la mode fit place à la science et au bon goût : l'art français fut remis en honneur... »

C'est à ce passage de la notice que répondit la lettre de Victor Hugo. Jusqu'à la veille de 1900, cette lettre n'avait jamais été publiée; nous sommes heureux d'en donner une sorte de primeur :

« Cher et Royal confrère,

» Je viens de lire vos nobles paroles sur moi; je vous écris ému.

» Vous êtes né prince et devenu homme. Pour moi, votre

royauté a cessé d'être politique, et maintenant est historique. Ma République ne s'en inquiète pas. Vous faites partie de la grandeur de la France, et je vous aime. » Victor Hugo. »

Victor Hugo.

Ces mots du poète « *Vous faites partie de la grandeur de la France* », ne pourraient-ils pas servir de préface aux beaux discours qui ont été prononcés à l'inauguration de la statue du duc à Chantilly ?

FIN

TABLE

FIN DE LA TABLE.

Limoges. — Imprimerie E. Ardant et Cie.

www.ingramcontent.com/pod-product-compliance
Ingram Content Group UK Ltd.
Pitfield, Milton Keynes, MK11 3LW, UK
UKHW020548180726
13838UKWH00001B/116